中学音乐课堂教学

四步曲 MUSIC

主编／孔 骏

副主编／李羽中 尹军蓉

东北师范大学出版社

长 春

图书在版编目（CIP）数据

中学音乐课堂教学四步曲 / 孔骏主编. — 长春：
东北师范大学出版社，2020.12
ISBN 978-7-5681-7347-6

Ⅰ. ①中… Ⅱ. ①孔… Ⅲ. ①音乐课—教学研究—中
学 Ⅳ. ①G633.951.2

中国版本图书馆CIP数据核字（2020）第243739号

□责任编辑：高 铭　　　　　□封面设计：言之凿
□责任校对：刘彦妮 张小娅　□责任印制：许 冰

东北师范大学出版社出版发行
长春净月经济开发区金宝街 118 号（邮政编码：130117）
电话：0431-84568115
网址：http://www.nenup.com
北京言之凿文化发展有限公司设计部制版
北京政采印刷服务有限公司印装
北京市中关村科技园区通州园金桥科技产业基地环科中路 17 号（邮编：101102）
2022年6月第1版　2022年6月第1次印刷
幅面尺寸：170mm×240mm　印张：9　字数：147千

定价：45.00元

编 委 会

序 言
PREFACE

　　《中学音乐课堂教学四步曲》这本书从最开始老师们的撰写至今天的出版，历经了三年多的时间，我总是以"没有最好，只有更好"这句名言为由，让老师们反复修改。仔细想来，这三年七稿的修改还真是磨砺了他们，我手上已经累积了他们几经修改的三摞原创手稿，不得不感叹慢中求细、慢中求精的真道理。

　　这本书从最开始的简单教案汇总，到加了反思的案例集，再到四大板块的方法论述及各方法的案例剖析，逐渐完善。本书的主编孔骏老师，带领深圳市龙岗区中心组的老师们每周分组分类研讨，又按篇章仔细揣摩、反复斟酌、集中修改，可谓是费尽心血，用心良苦。

　　中学的音乐课程，特别是高中课程，作为基础教育课程的组成部分，正在经历着重大的课程变革。音乐学科基于学科本质，不仅凝练了本学科的核心素养，还明确了学生学习该学科课程后应达成的价值观念、必备品格和关键能力，对知识与技能，过程与方法，情感、态度、价值观三维目标进行了整合。

　　本书修改的这三年，老师们更多的是基于前几年，特别是针对上一轮高中课程标准和教材实施问题展开研究。可以看出，他们理解课程的理念，熟悉课程的结构，对教材内容把握精准，特别是对教学策略的深刻剖析方面有着全面而深刻的把握。

　　本书以音乐教学的基本流程为主线，从导入环节、新课教授、教学拓展、教学评价四个方面来展开论述，通过部分案例的佐证来说明问题、解决问题，对基层一线教师的教学来说颇具实用性、针对性，为广大教师的中学音乐课堂教学提供了有效思路和教学实践范例。

当然，随着《普通高中音乐课程标准（2017年版）》的出台，九年义务教育阶段的新课程标准的到来，以及教育观念的不断变化，这本书的内容还将在课程改革的进程中不断地发展和完善，和新的课程改革共同成长。

深圳市教育科学研究院音乐教研员　胡樱平

2020年10月

前 言
FOREWORD

　　在当今这样一个充满活力的、多元文化的、全球变革的社会背景下，教育需要革新和改进，也永远有持续发展的需要。"教育改革最终发生在课堂上。"如果我们没有把课堂教学置于核心焦点，任何有关教学改革与教育品质的探讨都会流于形式。

　　众所周知，我们的教学改革只是课程改革系统工程中的一个组成部分。目前我们中学音乐教学有一个非常突出的问题，那就是：学生喜欢音乐，但不喜欢音乐课。教师教得很辛苦，然而学生却没有得到相应的发展。这不得不引起我们的反思，这也是新一轮基础教育课程改革必须解决的一个问题。

　　面对新时代、新课程、新挑战，面对如何把握新课程的标准，如何培养学生内在的音乐学习兴趣，如何唤醒学生的情感体验，如何开发学生的创造力等一系列现实问题，我们中学音乐教师必须积极探求方法，寻求应对策略，对教学实践环境中的种种问题进行深层次的分析，使新课程理念真正转换为有效的教学行动。否则，我们即使有理想的课程计划、课程标准和教科书，其结果也只能是纸上谈兵。

　　因此，在全面推进核心素养理念的今天，在新一轮基础教育课程改革到来之际，讨论有效教学的理念与策略就显得十分迫切与必要。本人作为一线中学音乐教研员，正是基于以上思考，带领中心组教师共同切磋、研讨，完成了此书的编写工作。本书的选题的确定、经验的总结、观点的提炼、案例的选取、问题的陈列等都反映了我区近年来中学音乐课程改革研究的成果。全书共包括四章内容，从宏观到微观，全面、科学、系统地介绍与分析了中学音乐课堂教学中导入、新授、拓展、评价四步曲中的实际操作技巧。为了便于教师们阅读和理解，我们采用理念引领、案例说明的方式进行了诠释，并在最后附上了编委们近几年研究的相关案例，希望能在教学实践的基础上帮助一线教师们掌握具体的教学策略。

由于编者学识水平有限，本书难免有疏漏之处，在这里真诚地欢迎广大的教育同人多多给予批评指正。

孔骏

2020年9月

目 录
CONTENTS

第一章
中学音乐课堂教学四步曲——新课导入

第二章
中学音乐课堂教学四步曲——新课教授

第三章
中学音乐课堂教学四步曲——教学拓展

中学音乐课堂教学四步曲
——新课导入

随着新课标的改革与实施，中学音乐教学应符合新课标的教学理念，创新教学方式，丰富教学内容。音乐课堂导入是教学内容开始前引导学生学习的第一步，好的导入是课堂成功的一半，在教学中不仅能够起到画龙点睛、启迪思维的作用，更重要的是能够激发学生强烈的学习兴趣和求知欲望。教师在教学中应注重对导入环节的设计，合理地运用各种不同的导入方式，以收到良好的教学效果。

一、课堂导入的概述

现代教育心理学和统计学研究表明，一般在课堂教学开始的十分钟之内，学生思维开始集中，十分钟到三十分钟处于最佳状态，之后开始下降。在整个音乐课堂教学过程中，导入是第一环节，也是非常重要的一个环节。音乐课堂的导入，是课堂教学开始三到五分钟内实施的整节课的"引子"。导，即"指引"，是教师以教学内容为目标，用巧妙的方式引发学生对学习产生热情，激发其学习兴趣。入，即"引入"，是教师将学生从"课间休息"状态调整进入"集中注意力"的学习状态。好的课堂导入能引导、启发、激励学生参与音乐实践活动，掌握音乐知识，提高音乐能力。

二、课堂导入的意义与作用

伴随着教育改革的推进，众多教育者开始关注课堂本身的实施成效，而作为一节课发端与起点的课前导入，人们对其重要性和作用的认识大多集中于"引起学生的注意，引发学生的学习兴趣，以及激发求知欲"等层面。而除了这些方面，音乐课堂导入其实还有着更深层次的意义。

音乐课堂导入在整个教学过程中所占的比重虽小，但其作用是不容忽视的，它是课堂教学的首要环节。一堂课导入的成与败直接影响着整堂课的效果，良好的课堂导入具有明确教学目的、安定学习情绪、激发学习兴趣、启迪学生思维、沟通师生情感的作用。成功的音乐课堂离不开引人入胜的课堂导入。

（一）专注思想　稳定情绪

学生从课间休息时的"随意松散"到上课铃响后安静下来，需要有一个过渡转换阶段。这时教师精心设计的课堂导入可让学生专注思想，促使其尽快地调整课前不稳定的情绪，为学习新课做好心理准备。导入的方式越有趣，内容越新颖，就越容易吸引学生的注意力。

（二）激发兴趣　促进认知

学习兴趣是人的认知需要的情绪表现，是在愉快体验的基础上，力求接近或探索某一事物而进行学习的心理倾向，是激发求知欲的重要动力。教师应利用丰富多彩的课堂导入形式，激发学生的学习兴趣。在此基础上引导学生参与实践，感受体验，从而激发其学习兴趣和求知欲望，形成较强烈的认知需要。

（三）创设情境　明确目标

通过课堂导入引起学生注意、激发学习兴趣是为了推动课堂教学的顺利进行，课堂导入的设计更重要的是为了给学生指明学习目标。因此，无论采用何种导入方式，都应使设置的问题情境指向本节课的核心教学目标。

（四）联系旧知　启迪思维

"学起于思，思源于疑"，思维总是从疑问开始。课堂导入时，要注意新旧知识与课堂教学整体的关系，明确两者的实质联系，使学生产生渴望解决问题，又愁于用现有的知识无法解决当前问题的心理矛盾，从而为新课的学习打下基础。

（五）沟通情感　营造氛围

"亲其师，信其道"，营造平等、愉悦的课堂氛围，是课堂顺利开展的基石。课堂导入时教师要对学生进行多方面的关怀、鼓励、启发和诱导，尽可能多地让学生感受到教师对他们的信任和鼓励。良好的课堂导入是师生建立联系、沟通情感的桥梁，是教与学有效配合的基础。

三、课堂导入遵循的原则

（一）艺术性原则

音乐是一门艺术，传授知识的音乐课教学也应该更有艺术性。只有每个教学环节都具有艺术性，才能保证学生学习兴趣具有持续性，学生在整堂课都乐于学习。

一堂活泼生动的音乐课，导入要具备艺术性，必须做到"新""奇""巧"。"新"，即导入的内容新颖，有新鲜感。例如用谜语、故事之类的导入来调动学生学习的兴趣。"奇"，即导入方式奇特、别致，让人意想不到。例如设置具有悬念的导入方法就能给学生一种出其不意、捉摸不透的感觉。"巧"，即导入的方法灵活、巧妙。例如因地制宜，就地取材，巧妙选用现有教学资源，合理设计导入环节。

（二）科学性原则

导入的方式、方法是否恰当，设计的内容是否科学，直接影响到教学的效果。因此，设计导入时一定要遵循科学性原则。这个原则有两方面内容：第一，要根据学生的年龄特点选择能够使学生产生兴趣的方式、方法；第二，要根据学生的基础知识水平设计导入的内容，从而提高教学效率。

（三）关联性原则

在课堂导入环节中，教师通常有意识地设计学生感兴趣的内容，采取有效的方式、方法，十分巧妙地把学生带入新课，但同时应注意课堂导入的内容必须与该堂课的教学内容相关。教师在备课时首先要认真分析教材，酝酿合适的导入内容，循序渐进地过渡到新课的教学。

总之，"导入"是教师引导学生做好学习新知识的准备，并让学生明确教学内容、学习目的、学习方式以及产生学习期待的一种教学行为。它是整个教学活动的开始，直接影响着一节课的效果。音乐课的导入设计其实是有章可循的，只要我们在教学实践中不断探索、积累、归纳，就一定可以总结出更加完善的设计规律，为每一节音乐课设计出一个合适的导入内容。

四、课堂导入的基本方法

在中学新课程标准的指引下，课堂导入法的设计可以有不同的形式，具体可以归纳为温故知新导入、要素对比导入、创设情境导入、学科融合导入等四种实用有效的基本方法。

（一）温故知新导入法

古人说"温故而知新"，这在今天的音乐课堂中仍然备受欢迎。这种教学法是近几年来音乐教学实践中最常用的教学方法，也是最能加强学生记忆的导入方法。

旧知识是新知识的基础，新知识又是旧知识的发展和延伸。学生学习音乐知识的过程实质上是新知识与已有认知结构中的旧知识建立联系的过程。学生对与新知识联系最紧密的旧知识的理解、掌握、运用的程度，必然影响新知识的理解和掌握。这就要求教师在课堂导入时找准新旧知识的连接点，激发学生的学习兴趣，使学生感到新知识容易接受。具体的做法是：以学生已有音乐知识为基础，引导学生温故而知新，通过提问、练习等教学活动，提供新旧知识的联系点，从"旧的"过渡到"新的"，从"已知的"拓展到"未知的"，既巩固了旧知识，又为新知识做了铺垫。例如学习"影视金曲"单元中的场景音乐《穿越竹林》时，可以通过提问或抢答的方式，让学生回顾一下主题音乐的概念、特点及作用，了解影视音乐的分类，从而为场景音乐的引入做铺垫。

例： 七年级课例《穿越竹林》

复习导入

（1）提问：在"影视音乐"这个单元中，我们学习了哪些配乐和歌曲？

（《长江之歌》配乐、歌曲《伴随着你》《辛德勒的名单》。）

提问：请听一听音乐片段，说说这些乐曲中哪些属于主题音乐，它有什么特点及作用。

（属于主题音乐的是《伴随着你》《辛德勒的名单》，主题音乐的特点是贯串影片始终，它的作用是统一影片风格、抒发感情、深化主题。）

（2）欣赏《穿越竹林》影视片段，导入场景音乐。

设计意图： 让学生在课堂一开始就从听入手，感受音乐，温故而知新，让学生系统地了解影视音乐的有关知识点，巩固旧知，从而为接下来的教学奠定基础。

（二）要素对比导入法

要素对比导入法是通过知识点音乐要素的对比，让学生找出它们的异同，帮助学生更好地理解音乐作品，启发学生的想象力，培养自主学习能力。

对比法在导入教学中的应用主要有以下几方面。

1. 节拍、节奏的对比

节拍、节奏是音乐的灵魂，任何一首音乐作品都由一定的节拍和节奏组成。通过节拍、节奏的对比，人们可以分辨不同音乐作品的风格。例如《溜冰圆舞曲》是3/4拍，旋律舒展，有旋转的感觉；而《中国人民解放军进行曲》则采用2/4拍，旋律铿锵有力，节奏工整。通过对比，学生可以听辨出2/4拍与3/4拍的不同特点，以及它们分别代表的与主题相关的音乐形象。在《化装舞会》的教学导入中，通过拍击欧洲风格和拉美风格节奏，学生从对音乐的感受中比较出《化装舞会》是一种欧洲风格的探戈舞曲。

例：七年级课例《化装舞会》

节奏练习

（1）节奏一

```
{ 4/4  X  X  X  X  |  X  X  X  X  :||
{ 4/4  0  0  0  0  |  XX  XX  X  X  :||
```

（2）节奏二

```
{ 4/4  X0  X0  X0  X0  |  X0  X0  X0  X0  :||
{ 4/4  X0  X0  X0  X0  |  X0  XX  X0  X0  :||
```

（3）节奏三

```
捻指 { 4/4  X0  X0  X0  X0  |  X0  X0  X0  X0  :||
跺脚 { 4/4  X0  X0  X0  X0  |  X0  XX  X0  X0  :||
```

（4）节奏四

读一读、拍一拍这条节奏。

```
4/4  X0  X0  X0  X0  |  X0  XX  X  X0  :||
```

设计意图： 通过二声部节奏练习，将乐曲中的重点节奏分解，逐步让学生完整地模仿拍击。引导学生用捻指、踩脚感受、体验、表现探戈节奏。将读节奏和拍节奏相结合，更好地巩固节奏。

2. 速度、力度的对比

速度与力度的变化是音乐作品重要的表现手段，它可以使音乐形象更鲜明生动，使情感表现更淋漓尽致。例如在学习"行进中的歌"这个单元时，欣赏第一课时管乐合奏《中国人民解放军进行曲》，我们了解到进行曲的特点：结构工整，节奏鲜明，旋律铿锵有力，富有强烈的号召性。是不是所有进行曲都有这样的特点呢？在第二课时《拉德茨基进行曲》的学习中，我们可以通过对比欣赏《婚礼进行曲》《葬礼进行曲》进行导入，比较两首乐曲的力度与速度有何不同，得出不是所有进行曲都是雄壮有力、富有号召性的结论，从而让学生体验速度、力度等音乐要素的变化会导致作品情绪和音乐风格的变化。这样的导入为后面的教学做铺垫，学生也就自然地进入了"进行曲的不同表现手法"的学习中来。

3. 音色的对比

不同的器乐作品是由不同形式的乐器组合来演奏的，通过乐器音色的对比，学生可加深记忆、理解音乐作品。例如在学习广东乐曲《雨打芭蕉》时，教师可以先后拉奏二胡与高胡这两种乐器，让学生对比聆听二胡与高胡的音色，感受二胡柔美、浑厚，高胡明亮、抒情的音色特点，通过特色乐器音色的对比进入广东民间音乐的学习，让人有耳目一新之感。在高胡演奏的优美流畅、活泼明快的旋律中，引导学生逐步了解广东音乐"五架头"的乐器编制组成，感受广东音乐鲜明的地方色彩和独特的风格。

4. 调式的对比

调式是音乐中的重要表现手段之一。明辨调式，能使学生了解音乐内涵，准确地把握音乐风格，更好地表现音乐。我们的音乐教材中有的音乐作品是采用明朗的大调，有的是用暗淡的小调，有的是用我国的民族五声调式，不同的调式调性会带给人完全不同的感受。例如《欢乐颂》采用的是大调，音乐明朗向上，歌颂了人类平等、自由、博爱、和平、光明的美好理想；而《四季歌》用的是小调，抒发了人间的亲情和友情，优美而动听。教师可以通过对比《欢乐颂》与《四季歌》的调式色彩感觉，从而导入到另外一种五声民族调式歌曲——《银杯》的学习中。调式的对比导入，能让学生体会到音乐色彩的丰富多样，引人入胜。

除了以上几种对比之外，也可以综合各种音乐要素来进行对比导入。例如《学会聆听》中的导入就可以通过变换不同的音乐要素来让学生体验音乐的不同情绪。音乐教学中的对比导入法是多种多样的，我们要根据教学内容的需要和学生的特点灵活选择。

（三）创设情境导入法

"生活是一个大课堂，蕴含丰富的课程资源，远离生活就意味着让学生们失去课程的另一半世界。"从效力上说，"教育要通过生活才能发出力量而成为真正的教育"。音乐的学习来源于生活，也服务于生活。如何在音乐教学中培养学生的兴趣，如何提高学生的审美情感、优化音乐的审美效应？我们在设计教学导入环节时，要充分结合生活来渲染气氛、铺垫情感、创设情境，在特定的情境中体验乐曲的情绪，感受歌曲的情感，将音乐教学的内容生活化，将学生的生活经验纳入课堂。创设情境导入法是学生最感兴趣，也最能吸引学生注意力的教学方法。有趣的游戏、精彩的故事、别样的民俗、丰富的情境等都能够激发学生的兴趣，调动他们学习音乐的积极性，从而为他们美妙的音乐学习之旅开启探究的步伐。

1. 游戏导入法

在音乐教学中，我们可以根据中学生以形象思维为主，好奇、好玩、模仿力强的身心特点，用出其不意的游戏来激发他们的好胜心。如在主题音乐《伴随着你》的学习中，可以采取"开门大吉"这种游戏方式导入，让学生猜当下最风靡的影视作品和歌曲名称，创设情境、闯关游戏，既激发了中学生聆听音乐的兴趣，又培养了学生聆听音乐的良好习惯。猜谜语是青少年喜欢的游戏，我们也可以根据学生的年龄特点、歌曲的内容，设计有趣的谜语作为课堂导入。幽默有趣的导入环节既激发了全体学生的学习兴趣，又适时适度地活跃了课堂气氛，促进了良好、和谐的师生关系。

例：**七年级案例《沂蒙山小调》**

（1）成语接龙游戏：请同学们根据老师所给的成语进行接龙。

PPT展示：名山大川——川流不息——息息相关……

（2）音乐接龙：成语可以接龙，其实音乐也可以接龙，请同学们听听老师的演唱，思考老师所唱的旋律中，每个句子之间是怎样接龙的。

（老师用简谱演唱《沂蒙山小调》。）

这种音乐接龙的方式，在音乐的创作手法上叫作"鱼咬尾"。今天我们就来学习这首山东沂蒙地区的小调《沂蒙山小调》。

设计意图：通过游戏的方式导入，一是活跃课堂气氛并使学生快速进入上课状态，二是使学生对学习的重点"鱼咬尾"有初步的了解，为解决本课重难点做好铺垫。

2. 故事导入法

故事导入法是调动学生学习积极性的最佳方法之一，这种导入法是先将与课题有关的故事内容和创作背景向学生加以介绍，引起学生的学习兴趣，让学生对艺术作品有一个大致的了解，作为顺利欣赏作品的过渡。教师可根据学生爱听故事的天性，从故事中引入所要学习的内容，获得所要教育的思想。如音乐剧《猫》里的《回忆》一曲，教师通过讲述魅力猫的故事先触动学生的内心，引出课题，再以魅力猫不同时期的内心变化为线索来欣赏分析《回忆》这首作品。教师还可以选用一些古今中外的音乐家及音乐作品的故事作为导入，吸引学生的注意力，同时引导学生了解音乐作品。

3. 民俗导入法

音乐不仅能够启迪人的智慧，而且是传承人类文化的重要载体。由于中学生正处在世界观形成初期，文化的熏陶和思想意识的渗透显得尤为重要。在音乐课堂中教师可用民俗导入法进行传统文化的渗透。

中学音乐教材中有大量体现各地民族民俗的歌曲或乐曲。例如琵琶独奏《彝族舞曲》，描绘了彝族人民能歌善舞的民族风貌及庆祝火把节的场景，《嘎达梅林》寄托着蒙古族人民对英雄嘎达梅林的深情，《银杯》展现了内蒙古大草原的壮美与富饶及蒙古族人民的热情好客，《桔梗谣》中有朝鲜族儿女的日常劳作……在学习民族歌曲或乐曲时，我们可以用相应的民俗导入，让学生在了解到各个民族不同的旋律调式、节奏特点、舞蹈特色及风土人情的同时，也对少数民族的文化差异有初步的了解，对中国文化的丰富广博有深刻的体会。

4. 情境导入法

情境导入法是我们教学中运用比较多的一种教学方式。所谓"创设情境"

是指教师依据音乐审美教育的目标和学生的心理特征，自觉地运用审美因素，按照音乐教学的审美规律精心地创设音乐审美情境，是音乐教学得以成功和优化的保证。情境创设在有效教学中起着关键性的作用，两千多年前的孔子曾经说过："知之者不如好之者，好之者不如乐之者。"情境是音乐教学"情感化"的基础和前提。

创设音乐教学情境，目的是培养学生良好的审美心境，唤起学生的音乐审美注意。当学生进入一种特殊环境，面对特定的审美对象，耳闻目睹的全是美的形象及新颖的事物，新鲜感便会油然而生。新课的导入是课堂教学最自然、最恰当和最精彩的开端，是教学乐章的前奏，是师生情感共鸣的第一音符，是师生心灵沟通的第一座桥梁。在音乐教学中采取形式多样的创设情境导入新课的方法，能激发学生的学习兴趣，吸引学生积极参与，更好地引导学生体验、感受音乐，热爱音乐，促进学生的全面发展和终身发展。

例：七年级课例《军民大生产》

情境导入——喊号子

（1）抬鼓（把大鼓放在教室门口）

让学生在《军民大生产》的伴奏音乐中走进教室并坐下。

引导学生采用一领众合的方式喊口令，把鼓抬进教室。

（2）劳动号子的概念

小结：这种产生并运用于劳动，即兴创编，为一领众合演唱方式的，具有统一步伐、协调动作、指挥劳动作用的口令就是劳动号子。

导入新课劳动号子《军民大生产》。

设计意图：通过抬鼓这种趣味性的情境导入，让学生用体验感悟的方法来感受劳动号子的特点和作用，点燃学习的激情，为以下环节的学习做好铺垫。

（四）学科融合导入法

新课程标准的基本理念要求教师在音乐教学中"突出音乐特点，关注学科综合"，多元化的音乐课堂教学可促进学生全面发展。因此，教师在音乐教学过程中应结合灵活多样的教学手段，通过姊妹艺术——文学和美术等相关学科的融合，充分调动有利因素，以挖掘学生潜能，从而全面地提高学生的艺术修养。

1. 器乐导入法

器乐导入法是教师用乐器演奏表达乐曲主题意境的方式来导入新课的教学方法。它具有直观性、渲染性的特点，能营造氛围，激发学生学习兴趣，拉近师生距离。它的局限性在于这类导入法仅适用于部分会乐器的教师，对教师的专业能力与素养是一个考验与挑战。如学习江苏民歌《无锡景》时，教师可用古筝自弹自唱歌曲《无锡景》，从而激发学生学习民歌的兴趣，让学生在柔美、婉转的音乐中勾勒江南美景，感受江南的风土人情。

2. 舞蹈导入法

舞蹈是音乐的姊妹艺术，舞蹈与音乐是密切相连而又不可分割的，音乐是舞蹈的灵魂，舞蹈是音乐的表现。在导入环节引导学生按照音乐的旋律自然进行肢体表演，这是一种用形象感染学生的重要表现方式。如学习《独特的民族风》《青春舞曲》《天边》等课时，教师身穿与课程内容相关的民族服饰，跳一段当地民族舞蹈，直接引入教学主题，让学生初步感受少数民族人民豪爽的性格和欢乐舞蹈的热烈场面。学习《溜冰圆舞曲》《蓝色的探戈》等课时，教师也可以跳一段华尔兹或探戈来导入，让学生感受国外社交舞蹈的魅力，为后面学习新课做好准备。

例：七年级课例《蓝色的探戈》

（1）教师随舞曲跳一段探戈，请学生思考两个问题：

① 这段舞属于哪种舞蹈？（　　　　）

　　　A. 国际标准舞　　B. 民间舞　　C. 现代舞

② 这段舞属于该舞蹈中的哪个舞种？（　　　　）

　　　A. 恰恰　　　　B. 华尔兹　　C. 探戈

（2）让学生思考并说出舞蹈中的典型动作，跟着教师拍打的节奏模仿甩头。

① 教师讲解探戈的由来。

② 播放视频让学生了解探戈舞蹈的起源与发展。

设计意图：教师通过舞蹈示范和动作体验导入，从而吸引学生的注意力，达到让学生产生兴趣的目的，同时让学生直观地了解探戈舞蹈的特点。

3. 戏曲导入法

戏曲是中华民族文化艺术形式之一，是饱含民族优秀历史文化的结晶。戏曲音乐在民族民间音乐中也占有相当重要的位置，它以独特的艺术风格、鲜明的地方民族特色，彰显着地域文化。戏曲导入中的表演情境教学能够吸引学生的注意力，提高学生的学习热情。在《唱脸谱》这一课中，教师表演京剧《看大王在帐中和衣睡稳》，让学生讨论回答它是哪个剧种，教师总结我国民族文化多姿多彩、历史悠久，戏曲艺术是中华民族灿烂文化艺术的代表。通过教师唱京剧这种表演形式导入课题，既激发了学生的学习热情，也提高了学生的自信心和表现力。

🎻 例：八年级课例《唱脸谱》

听戏——激趣导入

（1）教师扮演霸王别姬中虞姬的角色并演唱《看大王在帐中和衣睡稳》，创设课题情境。

（2）提问：教师演唱的是哪一类剧种？

（3）讨论：京剧知多少，导入课题。

设计意图：教师通过表演京剧吸引学生的眼球，激发了学生学习的兴趣，将学生成功带入京歌的学习情境中。

4. 诗词导入法

文学和艺术从古至今都是息息相关、相辅相成、交相辉映的。中国的文学向来就和音乐融为一体，从《诗经》到唐诗、宋词、元曲，无不可吟唱。在欣赏古诗词音乐作品时，如在课前请学生有情感地吟诵诗词，一定能激发学生的学习兴趣，迅速调动学生的求知欲，让学生从诗词的韵律中受到美的熏陶。

🎻 例：八年级课例《春江花月夜》

情境导入

（1）请同学吟诵唐代诗人张若虚的七言古诗《春江花月夜》，营造一个深沉、寥廓、宁静的境界。（播放背景音乐《夕阳箫鼓》）

（2）导入课题，简介乐曲。

（3）欣赏古曲《春江花月夜》。

设计意图：用古诗词吟诵的方式导入课题，让学生通过诗词感受诗人描绘的一幅优美邈远、惝恍迷离的春江月夜图，体验游子思妇真挚动人的离情别绪，为乐曲欣赏及情绪的体验做好铺垫。

中学音乐课的导入法形式多种多样，有时也可以几种形式组合起来穿插使用。但不管用什么方法设计，教师都必须结合音乐教材的内容，遵循学生的身心发展规律，根据学生实际情况灵活运用。只要我们在教学实践中不断探索、积累、归纳，一定会总结出更加丰富多样、灵活多变的导入方法，形成"转轴拨弦三两声，未成曲调先有情"的意境。

第二章

中学音乐课堂教学四步曲
——新课教授

新一轮的课程改革将围绕学生发展核心素养和学科核心素养的落实展开，各学科教学在传授知识的过程中，须更加关注学科思想、思维方式。音乐学科课程标准的变化凝练了学科核心素养——审美感知、艺术表现、文化理解，教学方法的创新成为在音乐课堂实现教学目的的关键手段，教师在备课和新课教授中也需要关注和适应这一变化，渗透这些核心要素。本章将以理论指导实践，多角度、全方位地从实践中总结出中学音乐课堂教学中新课教授的一系列方法，为学科核心素养的落实拓宽一些思路。

一、新课教授的概述

新课教授是指在教授新知识的过程中，教师运用现有的教学条件，设置具有时代性、丰富性的教学内容，运用各种教学方法，展开多种教学形式，以达到预设教学目标的教学过程。

新课教授的教学方法是师生双方为实现共同的教学目标，完成共同的教学任务，在教学过程中所采用的方法与手段的总称，是教师教的方法与学生学的方法的统一。教师需要在核心素养的新时代趋势下，善于利用、整合各种课堂资源，引导和培养学生分析问题和解决问题的能力。通过聆听音乐作品，体验和理解音乐的感性特征与精神内涵；通过参与艺术实践活动以及一系列练习，积累感性经验，为音乐表现和创造的发展奠定基础；通过自主学习的探究过程，培养对音乐的好奇心和探究愿望；通过集体合作的形式参与艺术实践与探讨，增强集体意识和解决问题的能力；通过多种艺术表现形式的融合，更好地理解音乐的意义和独特价值。

二、新课教授的意义与作用

美国教育家洛克说过："任何东西都不能像良好的方法那样，给学生指明道路，帮助他前进。"研究和改进新课教学方法，能使人们在工作中少走弯路，用较少的时间、精力和物力取得最佳的教学效果，是具有重要意义的一环。

音乐课程标准中把"过程与方法"作为课程目标提出来，可想而知新课教学方法对完成教学任务、实现教学目的有着重大意义。当一堂新课确定了教学目的，并有了相应的教学内容之后，就要开始实施有成效的教学法，否则，就无法完成教学任务，实现教学目的。新课教学方法从某种意义上说是教学效果的关键。教师的教法制约着学生的学法，同时对学生智力的发展、人格的形成等有着重要作用。使用传统满堂灌的教学方法，学生很难有独立思考与独立活动的空间，学习过程中会缺乏主动性、独立性和创造性，很难培养出一批勤于思考、勇于探索、敢于创新的人。所以，掌握形式多样的新课教授方法对于适应新形势下的学生培养方向，以及提高课堂质量，促进学生的学习动力都有着重要的指导意义。

三、新课教授遵循的原则

音乐学习是一个循序渐进的过程，教师需遵循一定的原则组织教学，教学方法应注重音乐性、双向性、实效性，达到有效教学的目的。

（一）音乐性原则

音乐学科有着自身的艺术特点，不同于人文类、社科类的学科，音乐老师授课的内容、价值、目标要体现音乐艺术的本质特征，具有音乐性。人民音乐出版社原社长吴斌教授说："对音乐艺术的态度，应该包括三个非常重要的方面：第一，是要有敏锐的听力，对音乐作品做出独特的反应。第二，能够自信地运用各种音乐表现手段表达自己的观念与情感。第三，应该是不断追求高品位的欣赏，同时保持自己独特的审美趣味。"这个观点也是对我们课标中"情感、态度、价值观"目标的正确诠释。

（二）双向性原则

新课教授的教学方法的探索是一个不断完善、经验积累的过程，它通过师生的多向交流活动，使学生掌握基础知识、基本技能，是学科知识结构和学生认知结构的有机结合。音乐教学建立在学生已有音乐经验、音乐体验基础之上，强调学生对音乐的感知，使学生在艺术实践中获得审美体验。"教"是条件，"学"是关键。因此，方法的立足点不是知识而是教学对象，在音乐教学活动中，不仅要重视学生的音乐体验与实践，更要注重教师对学生音乐感性经验的引领和激发，将音乐教学与实际生活结合，使学生在新课教授过程中获得美的感受。

（三）实效性原则

实效性是指教学过程中实施教学内容的可行性和实施效果的目的性。判断课堂教学效率的高低，不仅要看教师在本节课中教学目标的完成情况，更要看学生学习的质量。在课堂中，教师需要在选择教学内容、融合教学方式、组织学习活动中更有时效性，引导和鼓励每位学生参与到音乐实践活动中，掌握技能技巧，积累感性经验。学生在教学的实施中能广泛参与，真实体验，并有所收获，是教学实施的真正意义所在。

四、新课教授的基本方法

新课教授中的教学方法应围绕课程标准的核心理念，遵循核心素养的目标，充分把握新课程改革背景下的中学音乐教学规律和要求。结合一线教师在教学实践中的探索与反思，本书总结出了体验式、实践式、探究式等方法，适用于新课教授环节。

（一）体验式教学法

体验式教学法是以音乐感受体验为主，通过激发学生音乐学习兴趣，感受鉴赏音乐美，情感体验外化美等手段，培养学生音乐审美情趣和审美能力的一种学习方法。

音乐是体验的艺术。没有参与和体验，就不会有真正意义上的音乐学习。体验性是音乐学习方式的突出特征之一，它强调身体性参与。体验使学习进入生命领域，因为有了体验，知识的学习不再仅仅属于认知、理性范畴，它已扩展到情感、生理和人格等领域，从而使学习过程不仅是知识增长的过程，同时是身心和人格健全与发展的过程。

1. 体验式教学法的特点

（1）体验性

音乐教学的体验性基本含义是："在音乐教学过程中，教育者创设良好音乐学习氛围，激发学生积极主动地、全身心全方位地参与音乐实践活动，从而使他们获得音乐审美体验。"在一定程度上，音乐艺术主要是一种内心体验，一种音乐审美愉悦的体验，没有亲身参与到音乐活动中的人，是不可能获得这种体验的。只有当学生参与到音乐活动之中，与音乐融为一体，自己亲身去探寻、领悟、体验，对音乐知识技能才能真正理解和掌握，对音乐的再创造才会成为可能。

体验是一种心理状态，与学生的情感、态度、想象、理解、感悟等心理状态密切相关。体验式教学根据学生的认知规律和特点，通过体验发现事物与自我内在的联系进行教学。学生在学习过程中融入自己的情感，从行为体验到情感体验的过程中，不断深入、积累，循序渐进，最终获得独特的审美感受。体验性不是一次性的任务，而是逐步的深入。体验性学习符合当代学生音乐审美心理特点，把被动学习转为主动学习，能发挥学生的主观能动性，有利于培养他们独立思考的能力。

（2）互动性

体验式教学法创建的是一种互动的双向沟通形式，强调师生的双边情感体验。教学过程既是师生信息的交流过程，也是师生情感的交流过程。教师尊重每个学生，倾听学生，从学生那里获取他们当下的所感所想，最大限度地鼓励学生，让学生在平等、宽松的课堂氛围中主动克服困难，开放式地学习。

（3）愉悦性

美国心理学家罗杰斯认为：学生只有在亲密、融洽、和谐的师生关系中，才能对学习产生一种安全感，并能真实地表现自己，充分展示自己的个性，也才能创造性地发挥学生的潜能。愉悦的课堂气氛是教学成功的一半，体验式的教学方法更为直观，具有趣味性，愉悦、和谐的课堂氛围能充分调动学生对音乐学习的积极性和主动性，使每位学生都参与到音乐课堂之中，增强音乐表现的自信心，培养良好的合作意识和团结精神，使学生在动中学、玩中学、乐中学，在生动有趣的音乐课堂中体会音乐的美感。

2.体验式教学法的基本方法

（1）听赏教学法

听觉体验是指以听赏活动为主，教师在教学过程中借助音乐作品进行聆听、联想、想象、模仿、分析、比较等手段激发学生自觉地学习，促使其形成对音乐学习的浓厚兴趣与求知欲望的方法。

例1： **七年级课例《沂蒙山小调》**

对比聆听：老师以两种方式演唱，你们认为在表达情感上有什么不同之处？

（1）教师演唱全曲时省略衬词、儿化音、滑音、倚音。

（2）教师演唱时加上衬词、儿化音，每句句尾音前面加上前倚音（如在第3小节"2"音、第3小节"1"音、第9小节"6"音、第11小节的"5"音前面加上前倚音），第7小节第二拍的"3"音前面加上前倚音"5"，第1小节和第4小节的"5"音前面加滑音。

小结：第二种唱法加了很多装饰音，这正体现了民歌浓郁的地方特色。

设计意图：通过聆听对比，体会歌曲的风格特点。

例2： **高一年级鉴赏课例《划时代的音乐大师——贝多芬》**

聆听《第九交响曲》第四乐章的片段，主题听赏：

（1）第一次聆听：感受宣叙调的形象：低音弦乐器出现几次？

（2）第二次聆听：其他旋律出现几次？分别是哪些类型？标明出现的顺序：

① 坚定有力的

② 纤弱、小声的

③ 诙谐、有趣、活泼的

④ 抒情、优美的

⑤ 类似欢乐颂旋律

参考答案：④①③②⑤

（3）第三次聆听：主要音乐形象与其他旋律是以哪种形式出现的？

（是以对话的形式出现的。像是作者与民众内心声音的对话。）

为何都没有长时间出现？作曲家为什么要安排这样的方式作曲？

（有一定的象征意义，是与宣叙调之间的对话，代表着音乐的多层次性。）

设计意图：这段音乐宣叙调形象低沉有力。每次出现一个旋律，不久即被宣叙调打断。让学生体会到音乐形式的呈现。

★**实施建议**：

① 音乐是听觉的艺术，音乐艺术的一切实践都依赖于听觉，教师需要遵循认知规律，提出相应的聆听要求。音乐欣赏通常经历三个过程：感觉欣赏过程、感性欣赏过程、理性欣赏过程。经历了这三个过程，才能真正地认识和领悟音乐的思想和意境，与音乐作品产生情感共鸣，最终实现音乐审美情感的深化，从而提高欣赏者的审美能力。

② 音乐欣赏是听觉的感知和想象相结合的特殊认知过程，在音乐听赏中要逐步使学生养成良好的欣赏音乐的习惯，营造安静的聆听氛围，在聆听中心神合一地去感受音乐，引发联想，加深理解。

③ 进行听赏时，要始终把音乐作品看作一个整体，切忌把作品分解得支离破碎。如果作品过大，可在课时上灵活安排，先整体让学生对作品有完整的初步印象，再重点欣赏其中有代表性的一些片段。

（2）视听教学法

视听体验区别于纯粹的听觉体验，强调看和听的同时进行。在音乐课堂中，教师通过示范性表演或现代化教学手段，使学生获取知识，得到现场体验。与视频资料的播放相比，教师在课堂上的直观演示更受学生欢迎。学生通过近距离地观看与聆听教师示范，直接获得感性认识。例如教师在钢琴上演奏所欣赏的主题旋律，或以舞蹈的方式展示某民族的特色。视听教学法常配合讲授法、谈话法一起使用，可活跃课堂气氛，有效提高学生的学习兴趣，让学生更快地融入课堂。

★**实施建议**：

① 视听体验演示要符合教学的需要和学生的实际情况，演示内容与书本知识密切结合，有明确的目的。

② 视听体验中应重视视觉对听觉的辅助作用，教师可现场示范，形成和谐的课堂氛围，如播放的视频资料，应选择清晰度高、有代表性的片段。

③ 在视听的过程中，教师要有目标意识，把学生的注意力集中于音乐作品本身，引导学生有针对性或指向性地观察，切忌流于形式。

（3）律动教学法

"律动"是指根据音乐的节奏或旋律，通过身体有规律运动的方式表达音乐。律动教学是在学生欣赏音乐的过程中，引导他们运用动作去感知音乐，通过乐器或者身体运动的方式再现音乐节奏，着重于以各种运动方式体验音乐节奏、速度、力度、旋律的变化，能使学生在轻松的氛围中获得自如的节奏感。

例：九年级课例《卡门序曲》

赏析管弦乐曲《卡门序曲》的各个主题。

（1）复听全曲，请学生说说整个乐曲有几个主题，乐曲的结构是如何组成的。引出回旋曲式的定义。

（2）赏听主题A部分，运用数字符号"4"的身体律动让学生感受气氛欢快的主题A。分析主题A部分的速度、力度、音乐情绪。

（3）学拍节奏：

$$\frac{2}{4} \ X \ XX \ \underline{XXXX} \ | \ X \ XX \ \underline{XXXX} \ | \ X \ XX \ \underline{XXXX} \ | \ X \equiv$$

（4）赏听主题B部分，利用数字符号"2"的身体律动让学生从速度、力度方面感受音乐情绪。

（5）边用手画数字符号"2"，边读"ta ti ti"节奏，为主题B部分伴奏。

（6）赏听主题C部分，教师带领学生用数字符号"1"的律动感受主题C部分威武雄壮的音乐情绪。

（7）跟随音乐哼唱主题C部分的旋律。

★实施建议：

① 律动设计要遵循学生的年龄特点和身心发展规律，教师积极引导学生结合教学目标进行情感体验，切勿复杂烦琐。

② 律动不是纯粹的动作模仿，而是引导学生以自己的方式创设简单的动作感受和体验音乐，使人人自发参与。

③ 在律动体验过程中，要不断促进听觉、动觉、思维、情感的协调，表现音乐的各要素，融身体、音乐、情感为一体。

（4）游戏教学法

游戏教学法是将游戏和教学两者巧妙地结合在一起，从而激发学生学习兴趣的教学方法。该方法能使学生在生动活泼、欢乐愉快的教学活动中，潜移默化地掌握新课教授的知识与技能。

例：八年级课例《绛州鼓乐——〈老鼠娶亲〉》

分段聆听：

（1）聆听第一部分"准备出洞"，感受排鼓、大锣、大鼓等不同乐器音色、力度、速度、节奏的变化，形象刻画出老鼠在洞口贼眉鼠眼地观察周围情况时的警觉状态，并提问：

① 哪个乐器先奏出？

（排鼓。）

② 速度、力度是怎样的呢？

（速度慢，力度弱。）

③ 刻画出老鼠在洞口怎样的形态？

（刻画出老鼠贼眉鼠眼地观察周围情况时的警觉神态。）

（2）聆听第二部分"娶亲路上"，感受速度、力度、情绪的变化，并提问：

① 速度与力度有怎样的变化？

（速度是中速至快，力度是由弱到中强。）

② 刻画出老鼠在路上怎样的形态？

（刻画出老鼠出洞后得意忘形，抬着轿子悠闲自在，但又不时东张西望、警惕的神态。）

③ 聆听、感受"娶亲路上"的重点节奏。

$$\frac{2}{4} \; \underline{X.\; \underline{X}} \; \; \underline{X\; X} \; | \; \underline{X\; X} \; \; \underline{XXXX} \; |$$

（3）聆听第三部分"拜堂成亲"，并提问：

① 速度与力度又有怎样的变化？

（速度变快，力度变强。）

② 描绘了一个什么场景？

（描绘了老鼠兴高采烈、拜堂成亲的热闹场景。）

③师生玩"修宝塔"的声势游戏，通过拍打身体感受各种打击乐器表现出的不同节奏形态，体验速度、力度、节奏在鼓乐中的变化，用创编的声势动

作，体验"拜堂成亲"乐段中不断重复的节奏。

让我们以不同的锣鼓节奏为材料，组合成一座"宝塔"吧！

"宝塔"

创编的鼓谱声势动作：

仓：双手拍击大腿外侧

才：手掌平开合击

合：右手指拍击左手掌

乙：双手握拳平放

$$\frac{2}{4}\ \underset{\text{仓.才}}{\underline{X.\ X}}\ \underset{\text{台才}}{\underline{X\ X}}\ |\ \underset{\text{乙台}}{\underline{X\ X}}\ \underset{\text{仓仓}}{\underline{X\ X}}\ |$$

鼓谱

（4）聆听第四部分"抱头鼠窜"，感受各种乐器的音色、力度、速度、节奏的变化带来的情绪变化。

设计意图：运用玩"修宝塔"的声势游戏，创编声势动作，激发了学生的兴趣，培养了学生音乐的感知力。师生在游戏中感受了鼓乐塑造的音乐形象，体验了速度、力度、节奏在鼓乐中的变化，给人愉悦之情。

★**实施建议：**

① 游戏的开展应具备音乐性、目的性和启发性。

② 游戏的形式应多样化，内容自由灵活，在教学实施的各个环节中，可根据实际需要进行适当调整。

③ 游戏的开展要注意时间的把握，要张弛有度，有序进行，不能喧宾夺主。

音乐的学习是一种情感体验的过程。体验式教学法以学生的情感体验为基础，通过对音乐各个方面的亲身感受，提升学生的感性认识。在体验式教学法中，应当弱化对音乐技能的简单重复性训练，而是注重音乐与学生生理、心理相互作用而产生的内在感受，让学生获得音乐和情感上的共鸣，在提升音乐素养的同时实现情感教育。

（二）实践式教学法

实践式音乐教学法是在课堂上，将参与音乐实践作为学生获得音乐审美体验和学习音乐知识技能的基本方法，学生通过亲身参与各种音乐实践活动，在体验、实践和感受的过程中发现问题、解决问题，表达个人情智，从而全面提高音乐综合素养。

正如柯达伊所说："音乐属于每一个人。"由于音乐学习是一个"内心的旅程"，是一个非常个人化的过程，是伴随人格完善的历程，每一个学生都有权利以自己独特的方式学习音乐，享受音乐的乐趣，参与各种音乐活动，表达个人的情感。同时，它也是一门实践性和操作性很强的学科，它需要学生在实践中学习，在实践中总结，在实践中提高。可以说，音乐教学过程就是音乐的艺术实践过程。因此，教师在教学过程中应转变"我教你学，我讲你听"的传统教育思想，尽可能地为学生提供音乐实践活动的机会，从而引导学生将学习纳入一种认知内化为基础的实践轨道中，让每一个学生都有权利以自己独特的方式学习音乐、享受音乐、表达音乐。

1. 实践式教学法的特点

（1）重复性

音乐能力需要在不断的重复、体验感受中逐步形成，在变化中重复是实践式教学方法的关键。为了达到一定的教学目标，教学过程中的每一次重复练习都要提出不同的要求，层层递进，使知识能力和音乐技能稳步提升。

（2）层次性

教学对象的层次性是客观存在的。由于音乐的抽象性，每个人对音乐的喜好和理解都存在偏差，从小接受艺术熏陶的学生和没有任何器乐基础的学生对于音乐知识的渴求和理解也是完全不同的。为提高教学的参与度，采用实践式教学法须根据学生的不同个性特点、不同音乐基础进行分层教学。教师在教学过程中需要关注每一个学生，采取不同的教学方式教学。

（3）生成性

生成即"生长"和"建构"，是指在课堂教学的实践活动中，师生之间、生生之间，由于合作对话、思想碰撞，生成超出教师预设方案和教材设定内容之外的新信息、新情境、新思维、新方法。它是一种动态的活动过程，是实践式教学法实施过程中的一个亮点。

2. 实践式教学法的基本方法

（1）练习法

练习法是指在教师的指导下，学生参与到各项体验与实践活动中，通过不断练习，学会将知识转化为技能、技巧的一种教学方法。一般步骤为：教师提出明确练习要点，进行必要示范—学生进行集体或个别练习，教师加以指导—师生共同对练习情况进行评价，并提出改进方案—再次练习，直至达到要求。

例：七年级课例《银杯》

初学歌曲《银杯》：

（1）学唱前的预备练习

①学生跟随钢琴，用"lu"放慢速度视唱歌曲旋律。

②学生调整坐姿，注意发声方法和演唱音色。

③单独练习歌曲中的难点——前倚音、下滑音。

设计意图：在初学歌曲环节中，采用比较法、模唱法，加深对旋律的熟悉度，感受旋律的起伏。

（2）加歌词演唱

①学生有感情地朗诵歌词，理解歌词的含义。

②学生跟随钢琴，放慢速度演唱歌词，注意前倚音、下滑音的演唱。

③突破演唱时歌词的难点——"赛勒日外咚赛"。

边打节奏边念歌词，正确演唱两个难点乐句。

设计意图：采用逐层递进的方式，让学生感受旋律的连贯性，速度缓慢，曲调悠长。

（3）有情感地演唱

①请同学们找出歌曲中的衬词部分，体会衬词在歌曲中的作用。

（加衬词后，歌曲的气氛更加热烈，唱歌者的情绪更加高涨。）

② 以不同的形式演唱歌曲，体会歌曲的韵味和热烈、欢快的气氛。

生：银杯里斟满醇香的奶酒，赛勒日外咚赛。

师：朋友们欢聚一堂敬请干一杯，敬请干一杯。

③ 运用自然、圆润的声音完整地演唱歌曲，形成画面感，仿佛置身于大草原，在尽情演唱。

设计意图：让学生在情境中演唱歌曲，增强想象力，提高音乐的感受力与表现力。

★实施建议：

① 练习项目要有明确的教学目的，并以简要的语句向学生表明其目的、意义及重点。

② 正确引导学生，可提供多种形式供学生选择，并引导学生开拓思维，以适合自己的方式进行练习。

③ 教师的示范须规范，且步骤精简、清晰，练习任务有时间限定，力求时效，对突发状况能随机应变。

④ 在练习中发现问题时，可根据情况及时叫停，并予以调整，鼓励学生之间相互评价，教师做出总结性评价。

（2）图谱法

图谱法是通过形象化的图形符号来表现音乐的一种教学方法。音乐是非语义性的，图谱法有助于激发学生的学习兴趣，集中学生聆听音乐时的注意力，提高学生对音乐要素的辨别力和对作品的理解力，以及音乐的想象力。图谱教学法是中学音乐课堂中常见的教学方法，它主要有两种途径。

①利用图谱体现音乐要素

在教学中可用↗表示旋律线的向上走向，↘表示旋律线的向下走向，△表示快，▼表示慢，○表示弱，●表示强，★表示情绪高昂等。这些符号通常对学生理解音乐特性起到了提示的作用，教师也可以根据需求创造属于自己的符号，灵活运用，辅助教学。

例：七年级课例《穿越竹林》

人声：（飞鸟表示人声的出现）

箫：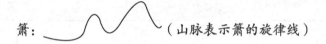（山脉表示箫的旋律线）

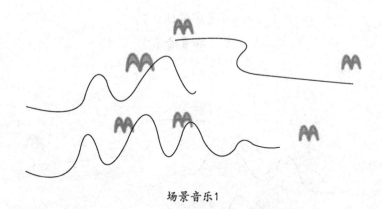

场景音乐1

大提琴：（竹林表示大提琴旋律下行示意图）

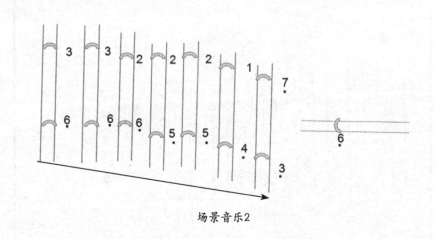

场景音乐2

中提琴、低音提琴：（草丛表示低音弦乐拉奏的密集 XXXX 的节奏）

　　图谱随着音乐的出现逐渐变成一幅淡淡的水墨画，起伏的山脉表现出箫的旋律线，竹林表现出大提琴的旋律走向，草丛表现出低音弦乐节奏的密集与紧张，飞鸟表现人声的缥缈，图谱与音乐融为一体，与主题相得益彰。

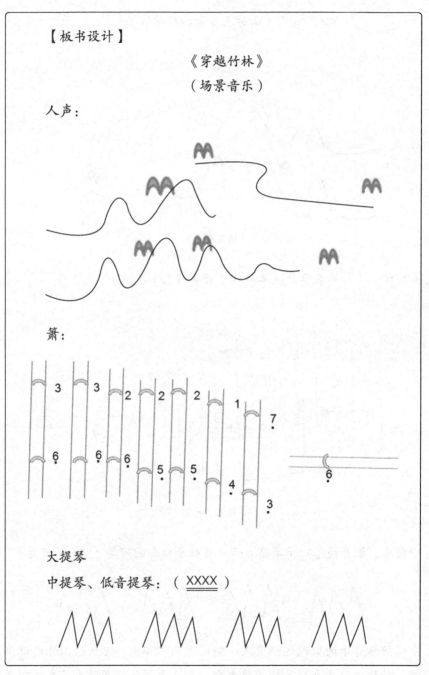

【板书设计】

《穿越竹林》

（场景音乐）

人声：

箫：

大提琴

中提琴、低音提琴：（XXXX）

板书设计截图

②运用图谱体现曲式结构

对于结构相对复杂的乐曲，设计一些生动、形象的图形符号来代替乐段，能帮助学生在聆听中对音乐产生直观的印象。例如可用大大的波浪线表示强而粗壮的音乐，用细细的波浪线表示小而柔和的音乐，形象的声音曲线有助于加强学生对作品的感知力。

例1：七年级课例《蓝色的探戈》

完整欣赏全曲，学生边听音乐，教师边根据乐曲的结构，画出形象的图谱。

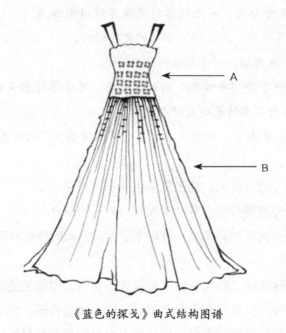

《蓝色的探戈》曲式结构图谱

图谱诠释：

整条裙子的轮廓是根据《蓝色的探戈》中的音乐要素绘制而成的，摩登大摆裙极具探戈风情。

裙子的上半身表示乐曲的A段。每一片花瓣代表一拍，一朵花刚好四拍，即一个小节。

裙子的下半身表示乐曲的B段。腰间的短横线表示B乐段中的二八节奏，裙子下摆的线条则是根据音乐的旋律走向进行的，宽广而流畅。

例2： 七年级课例《沂蒙山小调》

（1）教师创设情境，随乐画画，激发学生学习兴趣。引出"鱼咬尾"的创作手法。

《沂蒙山小调》曲式结构图谱

（2）初步聆听全曲，学生随琴边画旋律线边唱曲谱，感受歌曲中"鱼咬尾"的旋律美以及"起、承、转、合"的曲式结构。

（3）学习完歌曲后，对音乐进行创编。

请根据本课所学的"鱼咬尾"的创作手法，结合你对家乡音乐的了解，写一段8小节的、具有家乡特色的旋律并填词。

在老师的音乐伴奏下，用家乡方言有情感地演唱自己的作品。

★**实施建议：**

①选择的符号直观简洁，能激发学生的学习兴趣。

②选择的符号准确形象，有助于视觉与听觉的结合。

③符号之间有内在逻辑关系，有助于学生对音乐的理解和记忆。

（3）创作法

音乐新课程标准以"面向全体、重视音乐实践、增强创造意识、培养兴趣爱好"为基本理念，提出"在实践中感受音乐、体验音乐、创造音乐"的指导思想。创作法是在音乐教学中以"培养发展学生的创造性思维、培养学生的创新精神和实践能力为目的"的一种教学方法，能更大程度上发挥学生的主观能动性，适合中学生身心发展特点。

本章节界定的"创作"融合了传统课堂和多媒体数字化课堂的教学方法，在课堂中加入"师生、生生、人机"的互动，使课堂更加灵活、生动，不仅丰富了课堂形式，还有利于打造高效课堂，真正实现了以学生为中心。

创作法教学包括两方面的学习内容。

①探索音源的创作

在教学活动中，探索音源与探索音乐两者互相交融。探索音响属于探索自然界和日常生活中各种声音现象的教学活动。例如聆听或结合身边物品模仿风声、雨声、流水声等，这些都属于探索自然界影响的活动；聆听或用乐器模仿机器的轰鸣声、人群的嘈杂声、厨房的炒菜声，这些都属于探索日常生活影响的活动。探索人声、乐器、各种常规音源的音色、音高、节奏、旋律、和声等音乐要素，在创造过程中注重培养学生的内心听觉，启发学生根据想象进行创作，能使学生的音乐素养和创造能力同时得到提升。

例：七年级课例《影视音乐》

（1）介绍谭盾和他的"有机音乐"——水乐、纸乐、陶乐。

① 介绍曲作者谭盾及作品获奖情况。（鬼才、怪才、奇才）

② 观看谭盾的"有机音乐"——水乐视频。

设计意图：开阔视野，拓展思维，为场景音乐的创编做准备。

（2）教师引导学生为无声电影片段编创场景音乐。

结合身边物品，用纸或声势律动为《卧虎藏龙》无声电影画面——"玉娇龙盗宝剑"编创场景音乐，体验制作场景音乐的乐趣。

具体要求：

① 学生自主选择桌椅、文具、身体等音源进行编创。

② 音乐的节奏型可以从老师提供的四张节奏卡纸中抽选，也可以根据需要选用自己熟悉的节奏型。

③ 充分发挥各组聪明才智，分组创编一段节奏，然后四组合成，集体呈现。

（3）师生对创编、展示的过程和结果进行积极评价。

（4）播放原电影画面音乐场景并进行对比，跟随此场景音乐的鼓点节奏一起拍桌子，再次感受体验音乐创作的重要性。

设计意图：培养学生合作创造的意识和编创表现的实践能力。

② 音乐的即兴创作

音乐创作实践历来是专业音乐院校的教学领域，其专业性强，要求高。而中学音乐教学的创作实践与专业音乐创作教学有明显的差别，其目的是为适应培养高素质人才的需要，重在学生的参与，重在创作的体验，重在学生创作潜能的发掘，因此对创作的结果不做过多的要求。

即兴创作是学生根据当时的感受而产生的一种即时的音乐创作行为。在教学过程中，即兴创作有两类形式：一类是综合性艺术表演性质的，如歌词和动作的创编，用适当的速度、力度表现成语、诗歌等；另一类是音乐创编性质的，如即兴创编节奏、旋律或即兴演奏等。

例：九年级课例《夜莺》

A段主题的学习：结合平板配器，进行乐曲的创编

（1）认识电声乐队四大件

戴上耳机，打开平板电脑的"随身乐队"App，了解吉他、贝斯、电子琴、架子鼓等乐器的形制及音色特点，并试奏每一件乐器。

（2）乐队创编

① 导入主题旋律A音频

打开"随身乐队"中的多音轨合成器—从录音中选择MID—选择名为"夜莺主题A"的音频进行导入。

② 为主题旋律A配器

根据节拍强弱和教师给出的和声提示，自由配器。（软件中有鼓、和声、电子琴等选项）

③ 作品展示及创编思路分享

8分钟创编时间结束，以小组为单位，推选代表作品展示和讲解。

★**实施建议：**

① 创作应给学生明确的创作目标，从模仿开始，由浅入深、循序渐进，教师应给予及时的指导与肯定。增强学生的音乐表现与创造的信心，让每一个孩子都能感受到创作成功的喜悦，在创作中获得成就感。

② 创作应在情感体验的基础上，从实际出发，让学生在了解、掌握必要的读谱知识、音乐创作知识和技能的前提下进行创作。符合音乐认知的规律，从而深化学生的现有体验。

③ 创作应该是"有意识"的创编行为，围绕教学目标，不急功近利、不脱离音乐的主线、不流于形式，真正做到为音乐教学内容而服务。鼓励学生大胆创作，破除音乐创作的神秘感。

④ 创作应体现多元化、多维度的原则，鼓励学生选择不同的形式表现音乐。

　　在使用数字化现代技术时，教师要提前测试网络，调试设备，并在课前下载好软件，并让学生提前熟悉"随身乐队""完美钢琴""Chinese band"等音乐软件的操作。

　　《全日制义务教育音乐课程标准（实验稿）》提出："创造是艺术乃至整个社会历史发展的根本动力，是艺术教育功能和价值的重要体现。音乐创造因其强烈而清晰的个性特征而充满魅力。在音乐课中，生动活泼的音乐欣赏、表现和创造活动，能够激活学生的表现欲望和创造冲动，在主动参与中展现他们的个性和创造才能，使他们的想象力和创造性思维得到充分发挥。"

　　新课标十分重视和强调实践性学习，而音乐是一门实践性很强的学科，学习音乐知识离不开实践操作。在课堂教学中，教师应把学生的学习建立在参与实践的基础上，注重引导学生主动参与、乐于探究、勤于动手。以创新精神和实践能力为核心，培养学生在实践中形成交流与合作的能力、分析问题和解决问题的能力。

（三）探究式教学法

　　探究性音乐教学法是指在教学过程中，学生在教师的引导下，通过以"自主、探究、合作"为特征的学习方式，对当前教学内容中的主要知识点进行自主学习、深入探究并进行小组合作交流，从而较好地达到课程标准中关于认知目标与情感目标要求的一种教学方法。

　　《全日制义务教育音乐课程标准（实验稿）》指出："每一个学生都有权利以自己独特的方式学习音乐，享受音乐的乐趣，参与各种音乐活动，表达个人的情智。要把全体学生的普遍参与与发展不同个性的因材施教有机结合起来，创造生动活泼、灵活多样的教学形式，为学生提供发展个性的可能和空间。"探究式学习体现了新课程改革的理念，重视培养学生的自主感悟能力，让他们在学习中变被动为主动，在对音乐探究的过程中享受音乐。

1. 探究式教学法的特点

（1）自主性

　　探究式教学活动立足于充分发挥学生的主体地位，立足于更好地发展学生的个性，立足于全面提高学生综合能力。中学生生理、心理日趋成熟，参与的意识和交往的愿望增强，获得知识和信息的途径增多，在学习上形成了自己的初步经验，表达情感的方式有了明显的变化。音乐教育是审美教育，价值取向决定着我们的审美观，我们鼓励每个人都有自己独特的审美观，并通过其他人的不同审美观，拓宽自身的审美角度和审美空间。教师应创设一种民主、平等、和谐、自由的教学环境，为学生思考、探索、发现和创新提供最大的自由和空间，鼓励学生自主学习。

（2）探究性

探究性教学法以教学中创设开放性的情境为前提，学生根据自己的个性特点和喜好，多角度地思考与探索，积极地发现问题、解决问题，从而开拓思维。探究性教学法引导学生参与音乐实践活动，在活动中由浅入深、持续不断地探究、开拓，运用多样的方法和灵活的手段，最终提升能力。学生在实践中探索，在探索中发现，在发现中创新，它强调学生创新的品质和精神，以及在学习过程中的体验与感受。

（3）合作性

探究式教学法是教师引导学生以探索、发现问题为前提，以动手活动或者动脑活动为主的一个合作学习过程，它注重师生间和生生间的思路交流、观点碰撞、成果分享、协同合作建立在自主探究的基础之上，学生经过了认真的自主探究、积极思考后，才可能进入高质量的协作交流阶段。教师在活动过程中的组织、协调、引导起着关键作用。

2. 探究式教学法的基本方法

（1）问题驱动法

问题驱动法是在课堂中，教师通过提问引发学生的思考与讨论的一种教学方法。这种方法不是先学习理论知识再解决问题，而是以专业领域内的各种问题为导向规划学习内容，让学生围绕问题寻求解决方案。问题驱动教学法能够提高学生学习的主动性，提高学生在教学过程中的参与性，从而活跃学生的思维，激发他们的求知欲。

例：高一年级鉴赏课例《艺术歌曲的成熟》

初次聆听《魔王》时，老师提问：

（1）给你印象最深刻的伴奏音乐是哪一句？请哼唱出来。

（2）它的节奏型特点是怎样的？营造出了怎样的气氛？

（3）根据剧情，你觉得这个伴奏音乐模仿了什么？

（4）老师在钢琴上示奏低声部旋律，让学生再次体会音乐紧张压抑的气氛。

$$\frac{4}{4} \quad \underset{3}{\underline{666}} \quad \underset{3}{\underline{666}} \quad \underset{3}{\underline{666}} \quad \underset{3}{\underline{666}} \quad | \quad \underset{3}{\underline{666}} \quad \underset{3}{\underline{666}} \quad \underset{3}{\underline{666}} \quad \underset{3}{\underline{666}} \quad |$$

（连续的三连音节奏像紧张急促的马蹄声，营造出恐怖的气氛。）

设计意图： 学生带着问题聆听舒伯特艺术歌曲《魔王》，感受、体验歌曲的音乐情绪，认识歌曲表现的思想内容。

★**实施建议：**

① 巧妙设问。在教学活动中，教师所提出的问题要有一定的针对性和思考难度，与教学目标紧密联系且能激发学生主动思考、探索意识。提问要把握好"度"，做到恰到好处。

② 适当引导。教师要有意识地打破固有的接受式教学模式，实现学习方式的转变，教与学要灵活而多元，注重学生的主动精神和探究意识，当学生还没有求得完整、正确的答案时，教师要适时地给出合适的引导。

③ 适时总结。教师在教学中必须具备较强的课堂掌控能力和引导能力，在教学过程中及时用精辟、简洁的语言进行评价、归纳、总结。

（2）自主探究法

自主探究法是学生在教师的引导下自主学习探究，通过各种渠道对新知识产生自己的理解的一种教学法。教师引导学生从书籍、报纸、互联网等不同途径获取相关信息，以文字、音响和现场演奏等不同方式获取感性体验。学生通过查找和筛选，获取有用素材，按课题要求进行分析，以课件、思维导图、总结等形式进行表达和交流，在交流过程中，形成信息互换、思想共通，实现情感的交融与升华。

🎸**例1：** **高一年级鉴赏课例《一个人的流派——德彪西》**

课前预习，学生自主选择，完成课前预习任务。

（1）翻阅资料，找出浪漫派时期的作曲家有哪些。

（2）分析这个时代作品的风格特点。

（3）对比探究同一时期的其他艺术形式。

例2： 高一年级鉴赏课例《划时代的音乐大师——贝多芬》

根据学生不同的音乐基础将其分为三个组别，赏析《第九交响曲》第四乐章音乐片段。

第一组：没有乐器基础的学生，主要任务是研究作曲家、作品风格。

第二组：有一定音乐基础的学生，主要任务是找出旋律主题和作品结构。

第三组：具备多声部听辨能力的学生，尝试聆听乐器音色的配置。

★**实施建议：**

① 角色定位。在自主探究法实施的过程中，教师应以一个引导者、组织者、启发者的形象出现，充分信任学生，真正确保学生的主体地位。

② 资源利用。探究式学习的资源形式丰富，除了传统的教材、录音、影像资料外，还包括其他图片、音频、视频以及多媒体材料等，在探究过程中可充分利用各种资源，根据需要进行选择。

③ 分层教学。自主探究式教学的开展须强调音乐与生活实践相结合，体现音乐体验与育人价值，可呈现多种形式分层教学，如小组讨论或全班主题式讨论。教师要善于对不同层次的学生探究结果进行恰当的总结与评价，充分发挥每个学生的优势和兴趣，促进学生的个性发展。

（3）合作探究法

合作探究是师生、生生间通过互动、合作、交流、讨论，在过程中发现问题，总结规律，从而实现教学目的的一种教学方法，是形成学生表现、评价、批判能力的重要环节。在教学中，教师要给学生留出发挥自主性、积极性和创造性的空间，要给学生提供在不同的情境下建构知识、运用知识、表现自我的多种机会，要让学生通过主动学习形成自我监控、自我反思、自我评价、自我反馈的学习能力。

例： 高二年级歌唱课例《走进歌剧——〈饮酒歌〉》

在戏剧表演中感受咏叹调和宣叙调的特点及作用。

（1）学唱《饮酒歌》中的歌曲片段。

① 学生随琴用"la"模唱旋律。

② 学生随师学唱歌词。

③ 学生随旋律线感受歌曲情绪的起伏。

④ 小组合作随乐表演唱。

（2）通过视频了解歌剧。

学生观看歌剧中《饮酒歌》中的舞会片段，了解歌剧是一门综合性艺术。

师生小结：歌剧是一种将音乐、戏剧、文学（诗歌）、舞蹈、舞台美术等融为一体的综合性艺术。音乐在剧中占有非常重要的地位，演员必须具备唱歌和表演的才能，依据唱段来塑造人物形象。

（3）学生小组合作讨论剧中的角色及表演内容。

小组讨论：

① 人物角色的设定：女主人公薇尔丽塔、青年阿尔弗莱德、她们的朋友（绅士名流）、仆人等。

② 不同道具的选择：高脚酒杯，贵妇的帽子、羽扇，仆人的托盘、篮子等。

③ 不同角色扮演及不同演唱形式的表现：独唱、对唱、重唱、合唱等。

④ 舞台场景布置及舞蹈动作编排等。

（4）表演与评价

小组合作综合表演《饮酒歌》中的舞会片段，表演结束后进行小组互评，在各小组的自我反馈和反思中形成最佳表演形式。

（5）师生归纳总结歌剧中咏叹调与宣叙调的特点及作用。

小组合作讨论交流后，教师归纳总结：

咏叹调的特点是歌唱性，有特定的结构，作用是抒发感情。

宣叙调的特点是叙述性，结构松散，作用是促进剧情发展。

★实施建议：

① 合理异质分组，促进平等交流。教师要同时根据探究问题的难度进行分组，让学生展开讨论与探索，使他们在平等交流中获取对问题的理解，培养合作的意愿与能力。

② 方式多元，确保高效。教师务必对探究所需的时间进行细致的预计和设定，在实施过程中适当引导，方式多元，形成高效课堂。

音乐是人文学科的一个重要领域，中学生的知识储备和能力已经足够支撑探究式学习，与一般性的学习途径相比，这种学习方式对学生获取信息的能力、筛选信息的能力和创新能力的要求更高，更有助于发展学生的综合实践能力。探究式教学法可以使学生在探究的过程中发现音乐与其他相关文化知识的重要关系，在自身综合知识能力储备下，对音乐产生新的、独立的理解与感受。

新课教授中的教学方法多种多样，不论是体验式、实践式还是探究式，其原则和方向都是一致的，在注重聆听、感受、实践、创作的同时，都非常强调过程性。教学方式的根本性变革给中学音乐课堂带来了新活力，使素质教育得以真正落实。教师在教学中有意识地运用这些方法，将会切实改变课堂教学的现状，让学生通过新课教授产生对知识的渴求和探索的欲望，在艺术的熏陶中多样化发展，音乐综合素养得到全面提升。

第三章

中学音乐课堂教学四步曲
——教学拓展

随着课程改革逐步向前推进，音乐教师对课堂教学的认知有了新的理解，把教学环节中的拓展部分提到了一个重要的地位。音乐课堂教学拓展重在"拓展"二字，拓展不仅是一节课中的重要环节，也是对课堂教学教材的充分补充和延伸，其特点是通过充分收集、整理、运用与教材内容或实践活动密切关联的素材，围绕主题整合后产生的教学内容。拓展环节旨在发掘学生的潜能和兴趣，其目的是通过发挥学生的自主学习能力，培养学生的创造力和音乐鉴赏能力，提升学生的音乐素养。

一、教学拓展的概述

在目前的课堂音乐教育中有许多普遍存在的现象和问题，需要我们去研究和探索，尤其在课堂教学拓展方面，当我们完成课堂学习目标后，应思考怎么样将内容结合生活、结合学生实际，全面丰富教学的内容。这时候，我们就需要清楚"拓展什么""如何拓展"才能让课堂内容变得更加丰富，我们不但要熟悉和掌握教材的精髓，更重要的是将课程改革的理念和课程标准融入实际的教学任务中，并展现在课堂上。

音乐课的拓展是以培养学生素养为目标的，在音乐教学过程中通过对课堂学习资源的迁移延伸，促进学生扩大音乐视野、增进感知体验、建构新知识，同时促使学生在音乐感受与鉴赏能力、表现与创造能力以及对音乐与相关文化的认知、理解能力方面获得充分发展的一种教学形式。

二、教学拓展的意义及作用

音乐课堂的拓展在相当广泛的层面对现有传统音乐教学内容进行丰富扩充的同时提供了新的形式及技术，在打开固有化思维，以思想解放提供创作动力的同时，也为音乐教育提供了新的训练体系，其作用与最终目的是促进人的全面发展，发掘和拓展潜存于人类本质中的创造天性，并逐步运用于人类的生活与学习中，最终培养创造性的人。随着时代的发展，音乐课堂中的拓展环节日受重视，这就要求教师在教学方式上不断地更新与拓展，灵活地运用教材，适当地扩充和修改，创设出更多的音乐课堂教学方式，其意义在于提升学生审美观，发展学生的想象力、创造力。

三、教学拓展遵循的原则

（一）引导性原则

兴趣是最好的老师，也是学习音乐的核心动力，它作为一种非智力因素，需要教师通过引导性的语言来激发学生的学习兴趣和学习欲望。作为新课标中的一个重要理念，教师在教学过程中应该充分发挥学生的主体性，引导和培养学生对音乐的探究欲望，根据学生的心理特征和需求设定适当的活动内容、形式和情景。因此，引导学生培养学习音乐的兴趣，有助于激发学生的探究意识，从而更好地感受音乐、表现音乐。

（二）操作性原则

教师在设计拓展环节内容的时候，要注重实际操作性原则，因为好的设计要落实到实际操作才能体现其价值。拓展内容首先要考虑操作起来的具体时长，其次要考虑内容是否符合学生的身心特点，最后要考虑内容实施所需的教具和场地等。总之，拓展设计上的翔实，拓展操作上的扎实，在拓展环节为学生提供参与性更强的教学内容，提高课堂的可操作性，才能为拓展环节的操作性提供最大的保障。

（三）参与性原则

德国作曲家、教育家卡尔·奥尔夫认为，音乐是人类生来就具有的一种能力，它先于智力，潜于人体，人人都具有潜在的音乐本能和天性。对于中学生来说，音乐的参与性是表达音乐思想、挖掘自身潜力、更好地融入音乐中的一种方式。教师应该让学生更多地参与课堂、感受音乐，让他们在参与当中学会用音乐来表达自己的喜怒哀乐，充分挖掘学生的艺术潜能。同时，教师应该引导学生感受生活中的音乐，通过各种形式欣赏音乐，增强实践活动的参与意识，培养学生的探究思维，从而全面提高学生的音乐素质。

（四）创造性原则

据调查，人在青少年时期得到的审美探索体验，对其自身创造性发展有较大的帮助。因此，教师应该鼓励学生积极参与到审美体验中，参与到音乐审美的创造性活动中来。教师的角色始终是环境、氛围以及问题的设计者，音乐课堂的教学和拓展应该给学生提供多元的审美体验和审美评价的平台，在这个过程中，潜移默化地发展学生的创造性思维，提高学生欣赏美、感受美和创造美的能力。

适度、有效地拓展教学，不仅是对传统音乐课堂教学模式的一种挑战与变革，也促进教师对教材展开创新性的探索。深度挖掘教材资源，灵活、适当地拓展相关的内容，可以为课堂拓展环节带来丰富的内容和多元的展现方式，对提升课堂的延展性起到较好的作用。

四、教学拓展的基本方法

新课程教学的拓展环节中，要求教师做到多元设计，精心安排。一是要考虑拓展方式的多元性，教师要选择多种途径和手段，给学生提供宽阔的拓展平台；二是通过拓展环节的引领，促使学生实现学习方式的转变，进行自主合作式学习；三是拓展的内容要丰富。在拓展教学设计中，教师可从拓展的角度，围绕教学内容从相关文化、表现形式、音乐游戏、模拟活动等手段进行深入研究和拓展，以加深学生对作品的印象，丰富作品的表现力。随着信息技术的日益发展，教育资源的共享越来越便捷，给音乐课堂的拓展带来了更多的可能性。结合课堂实践，拓展的基本方式可以大致归纳为以下几种：知识延伸式拓展、能力提升式拓展和情感升华式拓展。

（一）知识延伸式拓展

在音乐课堂的拓展环节，教师可以结合课堂内容涉及的知识点做延伸拓展，以此加深学生对知识点的印象，丰富学生的知识面，开阔学生的眼界。音乐书本中有着丰富的选材和相关背景文化知识，且不同地区、不同民族之间的音乐文化存在着鲜明的差异性，教师可以结合本地、本民族和本校学生的具体情况，充分利用课程资源，在音乐课堂教学中，进行相关音乐文化的知识延伸式拓展，帮助学生在学习音乐的过程中渗透相关文化的内容，理解多元文化的特点。

在拓展教学中，教师可选择运用"横拓展"与"纵延伸"的方式进行教学设计，清晰知识脉络，优化实施效果。

1. 横拓展

"横拓展"是指围绕教学内容，拓展相关民族、相关文化、相关作品、相关场景等的教学手段，拓宽作品的广度，以此丰富学生的视野，提高学生对音乐作品的兴趣，加深学生在风格对比上的印象，提高音乐综合素养。

例1：八年级课例《彩云追月》

在学唱歌曲《彩云追月》这一课中，为了让学生了解这首歌曲的相关作品和相关文化，教师在拓展环节介绍了广东音乐十大器乐名曲之《彩云追月》。

（1）播放民族管弦乐曲《彩云追月》片段。

（2）请同学说说聆听感受并找一找其与歌曲《彩云追月》的异同。

（3）教师小结：歌曲《彩云追月》是根据1935年任光先生创作的民族管弦乐曲《彩云追月》的主要旋律和音乐意境改编而成的，形象地描绘了浩瀚夜空的迷人景色。乐曲把人们带进了"皎洁明月动，彩云紧相随"的诗画般的意境之中。

例2：七年级课例《沂蒙山小调》

在学唱民歌《沂蒙山小调》这一课中，为了让学生了解民歌的分类及风格，对民歌有更立体的认识，教师在拓展环节采用了"歌曲听辨"的方式，让学生体会民歌中山歌、小调和劳动号子等风格。

（1）播放劳动号子《军民大生产》片段。

（2）播放山歌《山丹丹花开红艳艳》片段。

（3）播放民歌《茉莉花》片段。

2. 纵延伸

"纵延伸"即围绕教学内容从同一作品的不同演绎形式、不同表现手法、不同演绎版本以及围绕作品延伸出的音乐游戏、模拟活动等手段进行深入研究和拓展，挖掘作品的深度，以此加深学生对作品的印象，丰富作品的表现力。

例1：八年级课例《彩云追月》

在学唱歌曲《彩云追月》这一课中，为了让学生了解不同演唱风格版本的《彩云追月》，教师在拓展环节播放不同演唱版本的音像资料，让同学们进行评价，选出自己最喜欢的风格，说说为什么，并模仿着唱几句。

（1）爱戴演唱的通俗版本片段。

（2）龚玥演唱的民歌版本片段。

学生在同一作品不同版本的对比中感受演唱风格的多样性，开阔了眼界，对乐曲有了更立体的印象。

例2：七年级课例《沂蒙山小调》

在学唱民歌《沂蒙山小调》这一课中，为了让学生对歌曲的演唱风格有更丰富的体验，在拓展环节，教师采用同一作品不同演绎版本的方式进行知识延伸。请同学们聆听歌唱家不同风格的演唱，并谈谈聆听感受。

（1）于文华演唱的版本。

（2）朱之文演唱的版本。

音乐课堂教学中涉及知识延伸式的拓展教学内容，既可以是作品与作品间知识的延伸，也可以是姊妹艺术知识的关联，还可以是不同学科知识的交叉。但不管选择什么样的拓展内容与形式，都只能作为一种辅佐手段，必须与音乐课堂的内容形成一个整体，为达成最终的教学目标而服务。音乐课与其他课相比，最根本的区别就在于课的音乐性。在教学过程中教师要坚守音乐的本位，凸显拓展教学内容、方式、行为的音乐性。

（二）能力提升式拓展

在课堂教学中，学生掌握了知识，如果及时加以巩固和运用，可以更好地实现其能力的提升。好比在拓展教学环节，教师引导学生通过多声部歌唱、创编、器乐合奏等方式，将课堂中的知识与技能加以运用、巩固、延伸，可以较好地帮助学生实现"我会听赏"到"我会表演"，从而得到能力上的提升。

1.多声部歌唱式拓展

音乐教育家柯达伊曾说过："有了歌唱的基础，更高层次的音乐教育就能得以发展。"在拓展环节，采用多声部歌唱的方式可以让歌曲更加有层次，同时对学生的视唱能力和听赏能力提出更高的要求，在这个过程中歌唱的综合能力就提升了。列宁的夫人有一句名言："合唱是任何教育工作都不可以替代的重要形式。"合唱可以培养学生的团队精神，在歌声中让孩子们学会相互合作、相互信任和相互鼓励。合唱既能带来美妙的音乐欣赏体验，培养艺术的欣赏品位，也能带来美的熏陶。而这种美的熏陶，不仅在于告诉学生什么是音乐的美，如何去欣赏音乐的美，如何去演绎音乐的美，也能引导学生悟得如何在学习中、在与人相处合作中、在相互倾听当中获得一种和谐的美。

例：七年级课例《红河谷》

在课例《红河谷》中，教师在拓展部分安排了二声部的体验和学唱。首先学生演唱歌曲一声部旋律，教师演唱二声部，让学生感受两个声部的和谐与平衡。接下来把学生分成两个声部进行歌唱练习，要求学生在演唱时能听到彼此的声部。在这个过程当中，学生明白两个声部不是竞争的关系，而是合作的关系，要懂得调整自身演唱的强度和力度。

2. 器乐合奏式拓展

在课堂实践中，器乐合奏可以丰富音乐的表现力，帮助学生学习音乐，使学生更好地感受音乐、理解音乐，并激发学生的艺术思维来创造音乐。人民音乐家冼星海说："音乐，是人生最大的快乐；音乐，是生活中的一股清泉；音乐，是陶冶性情的熔炉。"说明音乐对艺术熏陶和高尚道德品质的培养的巨大作用。人们的音乐生活一是欣赏，二是演奏，音乐在对人的全面教育中起着重要而不可替代的独特作用。学生通过合奏亲身体验音乐，可以更好地在音乐拓展活动中提高音乐的综合素养。

例：高一年级课例《鼓乐铿锵》

高一年级鉴赏课例《鼓乐铿锵》，主要欣赏了一些中国打击乐器合奏的作品，而这些作品大多为民间即兴创作。教师在拓展部分设置了一个打击乐合奏与创编环节，以动物狂欢节为主题，学生根据教师所出示的合奏谱例，使用课堂中现有的打击乐器或身边物品，例如鼓、锣、钹、水杯、书本、笔盒等，充分调动思考力和想象力，运用这些物品进行打击乐创编。五分钟后分小组展示，整个拓展环节，学生热情高涨，积极参与，相互合作，将本节课推向了高潮。

3. 音乐创编式拓展

创编，可以激发学生的想象力和创造力，是音乐课堂必不可少的拓展环节。学生通过发挥丰富的想象力，在愉快的心境中进行即兴创编，可以深入体验音乐作品，展开联想和想象，培养音乐创新能力，能够运用正确的审美观、科学的方法，对音乐作品进行适当的审美选择。另外可以让学生根据个人的情感体验和想象，进一步表现音乐和创造音乐，提高学生的审美能力。音乐创编式拓展包括歌、旋律、节奏等多种形式。创编活动要体现创编的音乐性，并且能够真正启发学生进行创新思维，既可以是旋律的创编，也可以是音乐表现的延伸。音乐是丰富多彩的，表现形式也是多种多样的，既可以有人声的美好，也可以有器乐的丰富。所以拓展环节的学生创编活动，也可以培养学生的表现能力，将音乐的表现形式多样化。

例： 八年级课例《学堂乐歌》

《学堂乐歌》这节课就使用音乐歌词创编拓展。学堂乐歌大多是填词歌曲，少数是创作歌曲，这些填词歌曲在中外歌曲旋律的基础上进行改编，并填入歌词，形成新的歌曲。利用这个特点，教师在拓展环节设计了一个有关歌曲填词的创编活动，在保留原有歌曲的旋律上创编填词，让学生亲自感受创作的乐趣。比如个别小组的同学将歌词添入李叔同的《送别》当中，填入了新歌词之后的《送别》校园气息浓郁；另一个小组的同学将校园生活编成歌词，填入了周杰伦的《青花瓷》，更换了新歌词的歌曲，整体的音乐风格有了新的变化，使学生获得了更加丰富的音乐体验。在整个拓展活动的表演活动中，同学们的学习热情被点燃，创编欲望被激发，以亲身参与体验的方式表达了自我的审美，表现了能力。

（三）情感升华式拓展

音乐是一种善于抒情、善于表现和激发情感的艺术。音乐教学，是师生共同体验、发现、创造表现和享受音乐美的过程，在教学中要强调音乐的情感体验。中学音乐教学大纲也在教学目的及教学过程中分别提出了丰富情感体验和注重情感体验的要求，由此可以看出，在音乐教学中，情感体验十分重要。我们要让学生学习音乐，使他们的情感世界得到熏陶和升华，在潜移默化中建立起对亲人、对他人、对民族、对国家、对一切美好事物的挚爱之情，进而养成对生活积极乐观的态度和对美好未来的向往之情。

音乐是引发情感共鸣的有效载体，在音乐课堂中，当音乐欣赏者的情感活动与音乐作品蕴含的情感相吻合的时候，学生才能准确、深刻和细致地体验音乐作品中的情感内涵。在拓展环节采用情感升华的方式，往往也会取得意想不到的效果。

🎻 例1：七年级课例《青年友谊圆舞曲》

在《青年友谊圆舞曲》一课的拓展当中，教师运用情感升华式拓展把舞曲蕴含的情感一步步展现出来。教师以《青年友谊圆舞曲》的伴奏音乐为背景音乐进行"配乐诗朗诵"，饱含深情地朗诵歌曲的歌词，紧接着讲述歌曲创作背景：歌曲创作于1955年，是为参加在波兰举行的世界青年联欢会而创作的。三段歌词按照友谊、和平、团结的情感层层递进，提倡和平，反对战争，从而燃起学生心中的使命感和社会责任感。最后，再次播放《青年友谊圆舞曲》，全体起立，激情演唱，踏着三拍子的舞步一起律动。欢快的旋律在教室里荡漾，课堂氛围再次高涨。

🎻 例2：高一年级课例《黄河大合唱》

高一年级鉴赏课例《黄河大合唱》这一课的拓展，教师同样运用了情感升华式拓展。歌曲旋律激昂，气势磅礴，充满了强烈的冲击力和震撼力，展示了黄河桀骜不驯的血性和中华民族的英雄气概。教师引导学生结合歌曲的创作背景以及当前中国在世界的地位，通过小组讨论、发言的方式，一步步激发学生心中澎湃激昂的爱国之情。培养学生将音乐融入生活，全方位地感受、体验、理解音乐。

综上所述，音乐课堂拓展环节是立足于学生、立足于课堂的教学活动。其目的是培养学生学习音乐的素养与能力，为学生拓展学习音乐的空间、营造探究音乐的环境，让学生在主动学习、积极探究与交流合作中获取知识与技能，从而感受学习音乐的愉悦与满足。

每个学生都是一个完整独立的主体，人始终是作为独立主体而存在的，环境的影响只有通过人的主体活动才能产生作用。在音乐课堂中激发学生的学习兴趣，是还给学生主体地位最好的表现。通过发展学生的主体性，引导学生主动参与教学，掌握基本的探究式学习方法，学生能获得主动发展的能力，还能增强学习能动性。同时，细致入微的情感陶冶，也有助于学生的身心发展和人格的完善，利用艺术的魅力吸引学生主动积极并有创造性地在轻松愉快的氛围中参与音乐活动，让他们在美的感染中受到美的教育。因此，拓展环节是音乐课堂教学中不容忽视的环节，既能满足学生的心理需求，又能丰富学生的情感需求，既能落实学生的主体地位，又能充分张扬每个学生的个性。

俗话说：音乐来源于生活，高于生活，并服务于生活。一堂音乐课除了传授新知识、新技能外，更多的在于对学生个体的艺术熏陶和感染。因此，音乐课的拓展应该与生活成为一个有机的整体，教师在课堂上的"教"是为了让学生在实践生活中自觉有效地"学"和"用"。

拓展教学，是对传统音乐课堂教学模式的一种挑战与变革。在教学过程中，教师利用各种相关资源丰富课堂，扩充教学的知识量，扩展教学的知识面，拓展综合艺术视野，从而达到提升学生认知能力、开阔视野、发展思维的目的。"拓一方教学乐园，展你我才能智慧"，拓展教学似锦上添花，赋予了中学音乐课堂教学无限的生命力。

第四章

中学音乐课堂教学四步曲
——教学评价

在多媒体信息技术迅猛发展的今天，各学科都在强调学科素养的发展和融合，关于音乐课程学习的评价，也应从音乐学科核心素养培育要求出发，着眼于学生的全面发展，依据具体课程内容和不同教学实施方式，科学构建具有音乐学科教学及音乐艺术特点的课程评价方法。教学评价一般包括对教学过程中学生、教师、音乐课程管理诸因素的评价，本章主要论述学生在音乐课堂学习中学习效果的评价。

一、教学评价的概述

教学评价是依据教学目标对教学过程及结果进行价值判断，并为教学决策服务的活动，是对教学活动现实的或潜在的价值做出判断的过程。

音乐学科教学评价是指对音乐学科教学过程及教学效果进行评估的过程。音乐学科的教学评价可以帮助教师分析学生的学习能力、学业状况和发展水平，增强音乐教师的教学能力，提供音乐教学的反馈信息，促进音乐学科教学质量的提高。

二、教学评价的意义与作用

教学评价是整个教学活动中非常重要的组成部分，是教学过程中目标制定以及教学手段实施的重要依据，也是对教学成果的检验检测。

音乐课程围绕促进学生音乐学科核心素养的形成完成授课，并对教学水平进行观测、评价，其意义和作用在于促进学生音乐学科核心素养的培育和不断提高。同时在评价过程中回顾、总结、评估、反思课程学习状态，展现学生音乐学习的成果，有利于学生了解自身学业水平和发展方向，增强学习的信心和动力，为教师不断改进教学方法、提高育人质量提供保障。

三、教学评价遵循的原则

中学音乐教学评价可依据音乐教育理念、音乐课程标准和音乐教学目标，运用多样化的综合评价手段，对音乐学习过程中学生的音乐学习内容进行评价。同时在实施音乐教学评价中遵循全面性、鼓励性、延续性、情感性的原则，使学生在积极主动的学习中成为音乐的真正主人。

（一）全面性原则

音乐教学是一项系统工程，音乐教学的成果会受到多种综合因素的影响，因此，音乐教学评价必须从整体出发，进行全面的评价。在教学对象上，要看教学成果是否具有普遍性，即是否真正使每一个教育对象都得到了发展；在教学内容上，要看是否在唱歌、器乐、欣赏、创作、音乐知识等各方面取得成果；在教学方法上，要看教师是否能根据不同的教学对象、教学内容和教学环境，正确灵活地选择不同的教学方法；在教学途径上，则要求对课堂教学与课外活动进行全面衡量；在学生的音乐发展上，要看态度是否积极，兴趣是否浓厚，感受、表现、创作音乐的能力等各方面是否都取得了进步；在评价信息的来源上，建议不仅要从教师、学生方面搜集信息，还要从专家、同行以及家长方面搜集信息。

（二）延续性原则

延续性评价就是把评价贯串在教学始终，参与音乐活动及其评价的过程比音乐学习所获得的结果更能给学生带来愉悦和满足。因此，在教学过程中，要善于激发学生的参与意识、探究精神和独立意识，为学生创设参与评价的情境，在音乐评价的持续跟进中，培养他们良好的审美评价习惯及全面的审美评价能力。

（三）鼓励性原则

美国心理学家詹姆斯说过："人类本质中最殷切的需求是渴望被肯定。"

鼓励是对学生的一种态度评价，也是一种反馈。学生音乐学习兴趣的激发和培养，离不开他人的鼓励，学生对音乐学习状态与成果的反馈，更离不开教师的鼓励。我们在评价学生的学习成果时，无论是评价的方式还是评价结果的描述，都应多使用鼓励性的语言，以使学生获得成功的体验，让学生在教师的鼓励和肯定中获得自信，同时获得良好的心理发展状态。

（四）情感性原则

音乐被称为情感的艺术，是人类情感的速记。音乐用无形的音响作为情感表现的直接载体，表达了人对现实生活的内心感受，抒发了人的内心情感。情感，是音乐评价过程中不可忽略的心理因素，是音乐评价感受的动力和中介。音乐评价既要关注学生对音乐基础知识的学习，更要着眼于学生对音乐本身的情感体验。音乐评价的实施要注重学生的音乐感受能力，从而增强学生音乐学习的信心和动力。

在音乐教学活动中，音乐学习评价是一个不可或缺的重要组成部分，直接影响着音乐课堂教学目标的制定、课堂教学行为的改变、学生对音乐的认知和学生对音乐学习的态度。教学评价贯串音乐教学始终，具有明确的指向性，能促进音乐教学水平的提高和教学方式方法的改进，从而更好地提升音乐教学质量。

四、教学评价的基本内容与方式

传统的音乐学习评价以学生掌握音乐知识和技能获得的水平作为主要内容。事实上，音乐学科教学评价内容除音乐知识和音乐技能，还应涉及"情感、态度、价值观"及"过程与方法"的评价。基于以上内容，音乐教学评价应具有即时性、自主性、多元性、人文性的特点。

（一）教学评价的特点

1. 即时性

音乐是时间的艺术，学生在音乐课堂上对音乐教学的参与程度，对每个教学环节做出的反应，对音乐学习的关注度都会随着教师教学过程的不断深入而逐渐变化。在实施音乐教学理念的基础上，对学生的音乐学习状况采取科学而全面的评价措施，需要时刻观察和记录学生在音乐课堂上的点滴表现，将这些表现形成评价的同时，密切关注学生的音乐学习情况反馈，有针对性地及时调整和改善教师的教学行为。

即时评价方式注重学生的学习过程、学习体验和收获，关注的是当下学生在课堂中的表现，只有立足于当下的每一刻，才能全面地去看每个学生未来的发展。

2. 自主性

全面发展的音乐学习评价，在评价主体上注重学生的自主参与，让学生在音乐实践活动中激发动机，形成需要，产生内驱力，为学生自主参与评价过程提供空间和环境，从而有效提高学习音乐和参与音乐活动的主动性和积极性。同时，引导学生关注和重视对音乐学习的自我评价，因为较高的自我评价能力是自身健康和谐发展、自我潜力得以充分挖掘的保证。

3. 多元性

在评价过程中应尊重个体差异。从"多元智能"理论来看，人的能力各有所长又各有所短，不可能面面俱到，要看到每个孩子身上的不同优势。评价只是学生全部学习过程中的一个环节，这个环节应该是学生张扬个性、展示自我的舞台，是学生学习旅途中的一个加油站。评价的过程应该是学生享受愉悦的过程，是了解自己、积累经验的过程。

在评价中发挥学生各自的长处，弥补短处，让学生在找差距中建立自信，从而产生继续学习和发挥自己优势的意愿，这是教学评价要真正达到的目的。

4. 人文性

人文精神的内涵包括知、情、意等方面，主要指人格、情感、意志、性格、心理品质等，强调在音乐学习过程中，既要学生实现自我成长，也要激发学生的创造力和生命力。音乐课程标准所倡导的音乐评价，更关注学生自身的进步。尊重学生对音乐形象的个体化理解和表达，让学生在音乐学习中充分展示个性特点，不断积累音乐学习的体会和感受，在教师鼓励的肯定中去探索对音乐世界的认识和感悟，从而帮助学生热爱音乐，了解自我，在音乐学习中形成关注他人、尊重他人与欣赏他人的良好品格。

通过人文素质评价，将学生在音乐学习中的每一次小进步内化成受教育者的人格、气质和修养，从而将他们真正塑造成具有较高音乐素养的新时代公民。

（二）教学评价的内容

新课程标准提出，音乐教学评价的内容应以各教学领域的课程内容为基本依据，全面考查课程内容所涉及的情感态度与价值观、过程与方法、知识与技能方面的要求。如：学生对音乐的兴趣爱好与情感反应，学生在音乐实践活动中的参与态度、参与程度、合作愿望与协调能力，音乐学习的方法和成效，音乐的体验和感受能力，音乐的表现与编创能力，对音乐与相关文化的认识、理解，审美情趣的形成以及掌握音乐知识、技能的实际水平等。

1. 有关学生对音乐的兴趣爱好与情感反应的评价

音乐是一门听觉的艺术、情感的艺术，学生对音乐学习的兴趣是否浓厚，其情感反应的热烈程度是对音乐课堂教学评价最直观的体现，也是学生在音乐学习方面能否可持续发展的一个重要条件。为激发和培养学生对音乐学习的兴趣，教师在对学生音乐学习状态进行评价时，无论是评价方式还是评价结果的描述，都应多采取激励及鼓励的语言，从而使学生获得成功的体验和满足。

2. 有关学生在音乐实践活动中参与度的评价

著名的音乐教育学家奥尔夫曾说过："让孩子们自己去实践、自己去创造音乐是最重要的。"音乐是实践性很强的课程，音乐课堂中的实践活动是学生体验音乐必不可少的环节，包括唱、奏、听、动、创（读、写）。这七个字既是音乐教学过程中的实践行为和学生音乐涵养的内涵表征，也是检验（评价、检测、鉴定、考核）学生音乐能力的外显形式。学生音乐素养的培育和音乐教学活动的展开，只能在实践活动中完成。

音乐学科的特性使音乐教学实践活动中师与生、生与生、师生与环境、师生与社会之间，必定有相互关联、制约、激励、共同合作、协调共进的经历，这使音乐教学过程不再是简单的"知识灌输"与"技能移植"，而是学生呈现合作愿望与提高协调能力的必经过程。

3. 有关学生的音乐学习方法和成效的评价

学习音乐的方法是多种多样的，其核心是激发学生的兴趣及对音乐的喜爱。音乐教师应根据学生的特点和个体差异，制定全面宏观的学习方法，再因材施教，进行微观的调整。对音乐学习方式方法及效果的评价，可以成为学生音乐学习状态的评价方式之一。

4. 有关学生对音乐的体验和感受能力的评价

音乐是情感的艺术，音乐教育处处离不开情绪唤醒、主观感受和体验，离不开情感层面及其活动。中小学音乐教育的基本任务是提高学生的音乐感受能力、鉴赏力、表现能力和创造能力。因此，通过对音乐学习的体验来考查及提升学生对音乐的感受能力就显得尤其重要。

5. 有关学生对音乐的表现与编创能力的评价

音乐是表演艺术，人们通过欣赏音乐表演满足音乐审美需求，同时通过参与音乐表演满足自己的音乐表现需求。因此，"表现"在音乐学习中具有重要意义，是音乐学习的基础性内容，是培养学生音乐审美能力的重要途径。新课程的"表现"领域包含"演唱""演奏""综合性艺术表演""识读乐谱"四项内容。音乐编创能力是指即兴创造和运用音乐素材创作音乐的能力，可发挥音乐艺术富有想象力、富于创造精神的特性，使学生在接受音乐的同时，接受音乐的想象力、创造力和创新精神。

6. 有关学生对音乐与相关文化的认识和理解的评价

"理解音乐文化多样性"是音乐课程基本理念之一。音乐是在特定的文化背景中产生和传承的，音乐中体现了文化的内涵和实质，一定的音乐观念、音乐形态和音乐的技能、技法，都是一定的相关文化内涵的反映。欣赏一种音乐，要求对与之相联系的文化和社会有所了解，音乐只有被放置于社会、文化的背景中，作为该文化的一部分，才能获得最佳的理解。这种理解，必须在音乐课程中通过学习相关知识，获得相关经验，才能形成。

7. 有关学生的音乐审美情趣的形成的评价

音乐教育的基本方式是以情感人，以美育人。音乐学科是美育的重要组成部分，以师生双方主动积极的情感投入和互动的情感交流活动为主，并视这种活动为教育目的。音乐的审美是一种特殊的情感表达方式，其特质是情感审美。通过音乐的学习，学生能获得音乐审美感受和体验，从而发现美、感知美、表现美、创造美，成为拥有音乐审美素养的高素质公民。

8. 有关学生掌握音乐知识、技能的实际水平的评价

《义务教育音乐课程标准（2011年版）》明确了音乐课程所应达到的音乐知识、技能标准。例如：音乐基础知识，要求"学习并掌握音乐基本要素（如力度、速度、音色、节奏、节拍、旋律、调式、和声等）、常见结构、体裁形式、风格流派和演唱、演奏、识谱、编创等基础知识"。音乐基本技能，要求"学习演唱、演奏、创作的初步技能，能够自信、自然、有表情地演唱歌曲和演奏课堂乐器，了解音乐创作的基本方法。在音乐听觉感知基础上识读乐谱，在音乐实践活动中运用乐谱"。

（三）教学评价的基本方式

1. 形成性评价与终结性评价相结合

在音乐课教学评价中，使用得最多的评价方式就是形成性评价与终结性评价相结合的评价方式。形成性评价，就是在音乐课的过程当中，针对学生个人的表现和变化进行评价，主要集中在对学生在音乐学习过程中的情感、态度、方法、知识、技能等方面的发展变化的评价，是一种机动性强的评价方式。而终结性评价，则是在完成了一个阶段的学习过程后，对于学生的音乐学习成果进行回顾与考核。形成性评价在音乐课教学中一般在课堂上展开，而终结性评价则在单元/学期/学年教学结束后以抽测的方式展开。

2. 定性评价与定量评价相结合

根据评价内容自身的性质，音乐课的评价方式还包括定性评价与定量评价两种。所谓定性评价，则是就一些无法量化评价的音乐学习内容，如学生对于音乐的兴趣和爱好程度、学生对于音乐文化的涉猎程度、学生对于不同音乐类型的情感反应、学生对于音乐课程开展的相应态度、学生在音乐课程中展现出的学习能力等多方面进行评价。定性评价主要采取文字描述、总结和判断的方式，对学生的学习能力、状态和成果进行描述与品评，教师能够通过定性评价来对学生的综合能力进行评价。而定量评价，则是针对学生音乐学习中一些能够进行量化的具体指标展开评价的一种方式。在评价的过程中，音乐教师需要建立一个量化的考核"库"，通过制定相应考核标准、赋予一定分值的方式对学生展开抽测，并进行数据收集、定量分析。这种评价方式能够很清晰地描述出学生在参与抽测过程中的表现，由于抽测的范围总是受到主观局限，因此不算一种特别客观、科学的评价方式。一般来说，定性评价和定量评价相结合，才能够客观、科学地达到音乐学科评价的目标。

3. 自评、互评及他人评价相结合

以评价主体不同来进行划分，音乐课的教学评价还可以分为自评、互评、他人评价三种方式。自评就是学生对自己的学习成效进行反思并评价，这一评价方式有助于学生规范自身的学习行为，也有助于帮助学生建立自信心。互评就是学生之间、师生之间进行中肯的评价，在音乐教学中，一般是教师对学生的表现进行评价，学生则按照学期对教师的教学展开评价。他人的评价，是引入第三方，如专家、其他学校的音乐教师、家长或者其他社会人士对学生学习成果、学习过程展开评价。他人评价的方式，能够使学生的音乐学习跳出学校教育的范畴，获得更加开阔的评价高度和更多元化的评价角度，对充分挖掘学生的音乐学习能力、尊重学生的音乐学习特色有积极的作用。

（四）音乐教学评价的实施方案

1. 音乐课前才艺展示

在素质教育蓬勃发展的今天，学生或多或少都有一些音乐特长，同时内心也渴望有展示才能的机会，因此教师可以利用每节音乐课的前五分钟让学生自由展示才艺，为学生提升音乐表现力提供平台和机会，并通过此方式让学生学会观察、学会接纳、学会选择、学会合作、学会欣赏、建立自信、学会自立。

2. 音乐课堂即时评价

音乐课堂即时评价是对学生在音乐课堂上参与教学活动情况、唱歌水平情况、回答问题状态及课堂纪律表现的即时记录（见表1）。分等级评价，一个学期做一次总结，纳入学生音乐成长档案袋。此方法重视学生的平时表现，重点考查学生在常规教学中音乐学习的态度。

表1 音乐课学生课堂表现即时评价记录

_____学年 _____学期

班级： 评价人： 学校：

学号	姓名	第一周					第二周					第三周					第四周				
		才艺展示	唱歌	参与活动	纪律	回答问题	才艺展示	唱歌	参与活动	纪律	回答问题	才艺展示	唱歌	参与活动	纪律	回答问题	才艺展示	唱歌	参与活动	纪律	回答问题
1																					
2																					
3																					
4																					
5																					
6																					
7																					
8																					
9																					
10																					

3. 歌曲演唱测评

歌曲演唱测评是检验学生歌唱学习方面阶段性成果的测评方法，旨在考查学生的音准、节奏及演唱表现能力等（见表2）。学生以演唱课本教唱的歌曲为主，演唱形式可多样化，如独唱、重唱、小组唱、合唱等。

表2　歌曲演唱测评

评分项目	分值	内容	得分
音准	50	1. 歌曲旋律完全唱准得50分。 2. 歌曲旋律大致唱准得30分。 3. 歌曲旋律基本唱准得20分。 4. 歌曲旋律完全错误不得分。	
节奏	30	1. 节奏完全正确得30分。 2. 节奏大致正确得20分。 3. 节奏基本正确得10分。 4. 节奏完全错误不得分。	
表现	20	1. 对歌曲有较好的理解，演唱流畅，声音自然，表情准确得20分。 2. 对歌曲有基本的理解，演唱完整，状态自然得10分。 3. 能顺畅演唱歌曲，无表现力得5分。 4. 不能完整演唱歌曲，但有表现力得5分。	
合计	100	1. 85–100分，等级A。 2. 70–84分，等级B。 3. 60–69分，等级C。 4. 0–59分，等级D。	

4. 音乐知识测评

音乐知识测评是检验学生音乐知识学习阶段性成果的测评方法。内容以音乐课本上的音乐知识为主，形式为笔试，此方法旨在检测全体学生对音乐理论知识的掌握和积累情况。

5. 课外校内音乐展示活动

校内音乐展示活动是由学校组织安排，在校园内表演的音乐活动，是学生间相互展示、相互评价的有效途径，是为学生表现艺术才能提供的平台。校内音乐展示活动包括班级音乐会、班级文艺汇演、校园歌手大赛、校园才艺大赛、校园体艺节等，其活动形式丰富多样，如歌曲演唱、乐器演奏、舞蹈表演、曲艺、杂技、话剧表演等。

6. 校外音乐实践活动

校外音乐实践活动是教育系统或社会艺术机构组织的各种音乐竞赛或音乐表演，面向具有音乐特长及对音乐实践活动感兴趣的学生，活动形式为歌曲演唱、舞蹈表演等。

7. 音乐成长档案袋

音乐成长档案袋评价法，让学生从不同阶段的回顾和比较中看到自己的进步，重点放在自我发展的纵向比较上，是用发展性的评价观点来记录、描述、展示学生的音乐学习过程，目的是希望通过这样一种形式激励学生不断学习，促进学生音乐总体素质的全面提升（见表3）。

表3　音乐成长档案袋

_____学校 _____年级 _____班

序号	测评名称	测评方式	所占比例	测评对象	展现形式
1	课堂即时评价表	形成性评价	40%	全体学生	课堂记录表
2	歌曲演唱测评	终结性评价/定量测评	20%	全体学生	班级点名册
3	音乐知识测评	定量测评	15%	全体学生	考试试卷
4	校内音乐展示活动	定性述评	10%	全体学生	相片、视频、节目单等
5	校外音乐实践活动	定性述评	15%	参与的学生	相片、视频、证书等（区级以上各种证明材料）

音乐教学评价是教师在平时的教学中按照教学大纲要求设计实施，帮助学生更好地完成自身音乐发展的教学活动。以上是教师在平时教学实践中经常使用、行之有效的评价方法集锦，这些方式方法符合学生的年龄特点，是学生乐于接受的评价方式。同时教师也可结合自身教学经验，有个性与创造性地设计评价方式，来完整记录学生音乐学习的收获，跟踪学生的成长轨迹，记录学生的点滴进步，用全面立体的眼光去评价和参与学生的音乐学习过程，关注学生的音乐成长。

音乐教学评价是一门艺术，它根植于教师深厚的教学功底、良好的口语素养和正确的教学理念。音乐教学评价应充分尊重学生的个体发展，体现音乐教师的个人素养，全面考验教师的观察力、判断力和整体协调性，提高学生的综合素养，实现人的可持续发展。

总之，音乐课程评价应充分体现全面推进素质教育的精神，贯彻音乐课程标准所阐述的课程理念，着眼于评价的诊断、激励与改善的功能。科学的课程评价，有利于学生了解自己的进步，增强学习的信心和动力，从而促进课程教学质量的不断提高。在评价过程中回顾、总结、评估、反思课程学习的状态，展现学生音乐学习的成果，有利于学生了解自身学业水平和发展方向，让学生了解自己的进步，发现和发展音乐的潜能，建立自信，从而促进学生的音乐感知、音乐表现和创造等能力的发展，为教师不断改进教学、提高教学质量提供参照。

中学音乐课堂教学案例精选

初中教案

《溜冰圆舞曲》

深圳市龙岗区天成学校　冯淑玲

【使用教材】

义务教育教科书·音乐（人民音乐出版社）七年级上册第二单元。

【教学对象】

七年级学生。

【课时安排】

1课时。

【教学理念】

音乐欣赏教学是音乐教学大纲规定的一项重要的内容，是音乐教育的重要组成部分，它在提升学生良好气质修养等方面都有不可忽视的积极作用。苏联教育家苏霍姆林斯基说过："能够欣赏、懂得音乐，是审美修养的标志之一，离开这一点就谈不上完美的音乐教育。"音乐审美指的是对音乐艺术美感的体验、感悟、沟通、交流以及对不同音乐文化语境和人文内涵的认知。教师在教学活动中要关注学生的学，关注学生获取知识的方式、方法、途径，所有的音乐教学领域都应强调学生的艺术实践，积极引导学生参与演唱、演奏、聆听、综合性艺术表演和即兴编创等各项音乐活动，将其作为学生走进音乐、获得音乐审美体验的基本途径。

【教学目标】

1. 听赏《溜冰圆舞曲》，感知圆舞曲的节拍，哼唱第一小圆舞曲a主题。

2. 对比聆听乐曲中各小圆舞曲的旋律特点和情绪特点。

3. 分析《溜冰圆舞曲》的曲式结构，同时了解维也纳圆舞曲的结构特点，加深对圆舞曲的认知。

【教学分析】

本课内容选自《义务教育教科书·音乐》（人音版）七年级上册第二单元缤纷舞曲之《溜冰圆舞曲》。舞曲是中外音乐艺术中不可或缺的音乐体裁，也是中外音乐文化的重要组成部分。本单元所选择的内容由两部分组成，其一是以歌唱为主的音乐实践活动，其二是以感受与欣赏为主的音乐实践活动，《溜冰圆舞曲》属于其二。

《溜冰圆舞曲》是一首维也纳风格的圆舞曲，作者是法国作曲家瓦尔德退费尔，乐曲的结构包括序奏及四个小圆舞曲和尾声。乐曲的旋律优美流畅，为三拍子的音乐，第一拍为强拍，速度较快，每个段落都像一幕冰上芭蕾舞。伴奏织体以强拍上的低音和两个弱拍上的和弦交替出现，表达了溜冰者舒畅、愉快的心情。在19世纪后半叶的法国，溜冰和圆舞曲同样风行，成为上流社会社交活动之一，在这首乐曲中作者巧妙地将两者结合在一起，取得了形象鲜明生动的效果。

七年级学生随着生理、心理渐趋成熟，乐于参与的意识和探索的愿望增强，获得知识和信息的途径增多，在学习上形成了自己的初步经验，表达情感的方式与小学相比略显成熟。从音乐教学的角度看，学生的音乐兴趣取向表现出了多样化的特征，其音乐经验和音乐能力也得到了较大的丰富和提高。因此，需要通过多种形式的艺术实践活动，巩固和提高学生表现音乐的基本技能，增进学生对音乐的兴趣，给学生带来极大的快乐，使他们对音乐产生浓厚的兴趣，进而产生持久的音乐学习动力。作为一代有文化的中国青少年，掌握舞曲音乐体裁知识，并通过这些知识感受、体验、认知、理解音乐艺术之美，进而培养自身音乐审美能力，提高自身音乐文化素养，是一项非常有意义的行为。

【教学重难点】

重点：听辨各小圆舞曲不同乐段的音乐特点和所表达的情绪。

难点：引导学生展开想象，参与律动，进一步感知乐曲的典型节奏和舒展优雅的旋律。

【教学准备】

多媒体课件、钢琴、打击乐器（三角铁、小镲、串铃）。

【教学过程】

（一）课堂导入

1. 教师伴随《青年友谊圆舞曲》的音乐跳起华尔兹。请同学们回答以下问题：

（1）老师刚才跳的是国标舞当中的哪一种呢？

（是华尔兹。）

（2）它的节拍规律是怎样的？

2. 简介圆舞曲及圆舞曲节拍特点，初步感受圆舞曲典型节奏。

（圆舞曲起源于奥地利，是一种三拍子的民间舞曲，强调第一拍上的重音。舞蹈时，由两个人成对旋转，故称作圆舞曲。）

3. 简介作曲家、乐曲创作背景并出示课题。

（埃米尔·瓦尔德退费尔，生于1837年，是19世纪法国著名的作曲家、钢琴家和指挥家。在19世纪的法国，圆舞曲是一种非常高雅的社交舞蹈，很受上流社会的追捧。同一时期，溜冰这项运动也深受法国人民的喜爱。1882年，瓦尔德退费尔富有创意地把圆舞曲和溜冰结合在一起，创作了《溜冰圆舞曲》。）

设计意图：让学生在课堂的一开始就从视、听两方面感受到三拍子的特点，并起到激趣凝神、温故知新的作用，顺势导出课题。

（二）新课教授

初听乐曲：

请同学们聆听乐曲，结合课题及音乐要素展开想象，感受乐曲营造的意境，并用一句话分享自己的情绪体验。

设计意图：初听全曲，让学生对乐曲有一个自己的第一体验，展开想象，生成自己内心的原始感受。

分段赏析：

1. 序奏

（1）欣赏序奏，想象画面。

（2）再次欣赏，说说它的主奏乐器及速度、节奏特点，感受音乐情境。

（主奏乐器是圆号，速度缓慢，节奏自由。）

设计意图：序奏的欣赏对乐曲情境的创设起着重要的作用，初听让学生跟随音乐展开想象的翅膀，复听让学生感受音乐要素对音乐起到的重要作用。

2. 第一小圆舞曲

（1）欣赏第一小圆舞曲

乐曲包含了几个主题？主题是否有重复出现？不同主题的情绪分别是怎样的？

（两个音乐主题，首尾反复a、b、a'；a优美抒情，b活泼跳动。）

（2）再次欣赏乐曲片段

音乐的基本要素有哪些？是哪些音乐要素促使a主题给人优美抒情的感觉，b主题给人活泼跳动的感觉呢？请同学们结合乐谱进行思考。

（a主题节奏平稳，旋律优美抒情，长音和连音线巧妙运用。）

（b主题不但用了许多短促的八分音符，而且乐句的音型基本相同。）

设计意图：体验情绪、听辨主题让学生对乐曲的欣赏有了方向，也为进一步赏析做好了铺垫。视、听结合让学生直观感知音乐要素在乐曲中起到的重要作用。

（3）学唱第一圆舞曲a主题旋律

①师生一起随琴用"lu"模唱。

（模唱时强调气息、坐姿，还有三拍子的强弱和律动感。）

②随琴唱旋律。

③随琴哼唱老师创编的歌词。"跟随音乐，一起溜冰，冬日的早晨多么美丽。"

设计意图：第一小圆舞曲a主题舒展优雅的旋律与圆舞曲的典型节奏完美融

合，是《溜冰圆舞曲》中最经典的部分，哼唱并记住它是本课的重点。

（4）律动体验

师生创编各种律动，体验a+b+a′各个小乐段。

设计意图：听+唱+肢体律动充分让学生感知音乐并为第二小圆舞曲的欣赏做好铺垫。

3. 第二小圆舞曲

（1）欣赏第二小圆舞曲

音乐的情绪是怎样的？乐曲包含了几个主题？主题是否有重复出现？使用了两种特殊的乐器，同学们能听辨出来是什么乐器并模拟演奏这两样乐器吗？

（热情欢快；两个主题，首尾重复c、d、c′；大镲、手串铃。）

（2）再次欣赏乐曲片段

师生随音乐一起模拟演奏大镲，摇串铃，感受、体验音乐。

设计意图：体验情绪、听辨主题并让学生展开想象，在音乐的行进中加入肢体的律动，让课堂气氛活跃，让教学更有趣味。

4. 第三小圆舞曲

引导学生关注、体验旋律线的走向，画出其图形谱。

（1）欣赏第三小圆舞曲

第三小圆舞曲有几个音乐主题？用什么乐器演奏？不同主题的情绪分别是怎样的？

（e、f两个主题；小提琴演奏；e舒展悠闲，f幽默活泼。）

（2）简析乐曲

两段情绪对比鲜明，和第几个圆舞曲相似？引导学生尝试分析乐谱，得出答案。

（与第一小圆舞曲相似。）

（3）再次欣赏乐曲片段

律动体验：用饮酒碰杯的律动方式，再次体验这段音乐。

设计意图：第三小圆舞曲与第一小圆舞曲结构相似，出示乐谱稍做分析颇有必要，让学生在对比中加深印象。

5. 第四小圆舞曲

（1）聆听并感知音乐，师生随音乐律动，身体随音乐左右摆动。

（2）简析乐曲情绪特点：g、h两段旋律表达的情绪非常明显，g节奏平稳、旋律优美，h活泼跳动、令人兴奋，为与尾声的连接做准备。

设计意图： 由于课堂时间有限，第四小圆舞曲采取一遍带过的方式欣赏，教师引导学生快速地感知音乐。

6. 尾声

小结：快速的上行和下行音将乐曲推向高潮并预示乐曲即将结束，留给人们的印象是：溜冰者无比尽兴，高高兴兴滑向岸边。

设计意图： 乐曲旋律进行展现出维也纳圆舞曲的特点之一。

（三）知识拓展

1. 同学们拿出纸笔，尝试小结《溜冰圆舞曲》的曲式结构。

序奏　　＋　　　四小圆舞曲　　＋　　　　再现　　＋　　　尾声
｜　　　　　　　　｜　　　　　　　　　　　　　　　　　　｜
（美丽的冬景）（一小、二小、三小、四小）　　　　　（在热烈的气氛中结束）

2. 视频欣赏：世界滑冰运动员精彩的冰上舞蹈与《溜冰圆舞曲》的美妙结合。

听觉+视觉双感官的感知，加深学生对《溜冰圆舞曲》美妙旋律的印象。

设计意图： 教师带着学生重温每个小圆舞曲的特点，根据相应的序号，学生可以清晰地得出乐曲的曲式结构，从而对乐曲有个完整的认识。视频欣赏，把对溜冰的想象变成可见的影像，让同学们在听觉和视觉上都得到美的享受。

（四）课堂小结

教师富有激情地边律动边哼唱第一小圆舞曲a主题（套用专门创编的歌词），师生在《溜冰圆舞曲》美妙的旋律中结束课堂。

设计意图： 首尾呼应，加深对第一小圆舞曲的印象。

【教学后记】

这节课欣赏的乐曲篇幅较长，全曲聆听接近7分钟，乐曲结构较为复杂，包含序奏、四首小圆舞曲、小圆舞曲再现和尾声四大部分，在教学过程中是按"总—分—总"结构还是按"分—总"这样的结构模式去欣赏聆听，需要教师不断实践、探索。在七年级的不同班级，我做了多次尝试，结果发现"先完整聆听再分段欣赏"的方式尊重了学生对乐曲的第一感受，让学生展开想象的翅膀，让学生在不受限制和定义的自我空间里体会到乐曲的整体风格。

在本课的教学中，我注重学生对乐曲的聆听和感受，并用多种方式引导学生用自己的语言说出内心的聆听感受。创设必要的情境可以更好地帮助学生走进乐曲的感觉里，所以我首先采用情境导入，用一段华尔兹的双人舞让学生感受三拍子的律动，然后从舞步导出19世纪法国最受欢迎的两项交际活动：圆舞曲和溜冰，紧接着把作曲家和创作背景呈现给学生。在分段欣赏时，我抓住重点和难点，着重分析第一小圆舞曲，简要欣赏其余三个小圆舞曲，运用对比的手法和哼唱、听赏、感知、想象、分析、律动等体验方式，让学生从不同的角度、不同的层面去找到圆舞曲的律动感。目的是希望学生结合肢体律动、声势动作，在不知不觉中熟记几个小圆舞曲的主题旋律。

课后反思整节课堂的进行，发现在引导学生分析音乐要素的过程中，我过于强调乐谱中的升号、降号、还原记号、模进、连音、重音倒置等音乐知识的解释，既花了大量的课堂教学时间，又没有很好地跟感受乐曲情绪衔接起来，显得烦琐而又杂乱。在以后的课堂中要学会取舍，找准乐曲中典型而有特质的音乐要素展开分析。

【课例点评】

《溜冰圆舞曲》篇幅较长，有其独特的典型节奏和鲜明的音乐语言，欣赏起来有一定的难度。教师在教学设计上牢牢抓住《溜冰圆舞曲》的三拍子节拍特点，让学生在旋律哼唱、肢体律动中感受圆舞曲的典型节奏，层层递进，重难点突出。在依次欣赏四小圆舞曲时，教师采用想象画面、对比聆听、模拟乐器演奏等多种教法，让学生沐浴在圆舞曲妩媚优雅的旋律中，领略到维也纳圆舞曲的独特风格。音乐的美一直陪伴着课堂内容的进行，这一点很重要，教师在整节课中贯串和把握得不错。

（此教案曾获深圳市龙岗区初中音乐课例评比一等奖）

《雷鸣电闪波尔卡》

深圳市龙岗区南联学校　陈笑

【使用教材】

义务教育教科书·音乐（人民音乐出版社）七年级上册第二单元。

【教学对象】

七年级学生。

【课时安排】

1课时。

【教学理念】

根据《义务教育音乐课程标准（2011年版）》课程基本理念第三条"突出音乐特点，关注学科综合"，作为新一代有文化的中国青少年，理应掌握舞曲体裁的相关知识，并通过这些知识感受、体验、认识、理解音乐艺术的美，进而培养音乐审美能力，提高音乐文化素养。

音乐教学是音乐艺术的实践过程。为使音乐教育的审美育人作用得到充分发挥，教师应在日常音乐教学中为学生提供充分的想象空间，调动他们的积极性和主动性，让他们愿意去聆听、去学习、去掌握和运用知识。在约翰·施特劳斯《雷鸣电闪波尔卡》的教学中，教师从学生的生活入手，调动他们的想象力，使他们感受乐曲所描绘的音乐场景与形象，进而体会作曲家创作的内涵，感悟其精髓。

【教学目标】

1. 认识波尔卡这种舞曲体裁，掌握波尔卡典型节奏；分析乐曲曲式结构，使学生对复三部曲式有初步了解。

2. 通过聆听、分析，加入小件打击乐器和身体律动，体验波尔卡音乐的情绪、节奏及风格。

3. 感受热烈欢快、独具匠心的旋律以及打击乐器在塑造音乐形象上的作用，培养学生的想象力和创造力。

【教学分析】

《雷鸣电闪波尔卡》创作于1868年春天，是约翰·施特劳斯接受金星艺术家协会的委托，为当年的维也纳狂欢节创作的一首乐曲。它主要描绘了在一个令人兴高采烈的节日里，人们聚集在一座金碧辉煌的大厅里舞蹈的场景。所以，在欣赏、分析上，教师意在为学生勾勒画面，让学生利用听觉充分发挥他们的想象力和创造力。

当下的七年级学生，多数喜欢跳hip-pop、爵士等现代舞种，对"波尔卡"这种传统民间舞种的喜欢程度和兴趣并不高。教师应引导学生，利用小件打击乐器的学习和演奏，让他们感受"波尔卡"，并随旋律进行律动。教师现场的单簧管演奏，使学生可以更直观地感受和体验音乐，感悟"波尔卡"音乐的特性，提高学生欣赏的兴趣。

【教学重难点】

重点：感受打击乐器的音色及在乐曲中塑造音乐形象、渲染音乐气氛的作用。

难点：欣赏乐曲，掌握波尔卡的典型节奏。

【教学准备】

多媒体课件、小件打击乐器、单簧管。

【教学过程】

（一）课堂导入

教师播放图片和音频，提问学生：这是什么自然现象？什么声音？

电闪雷鸣的自然景象

设计意图：从学生身边熟悉的事物入手，激发他们的学习兴趣，从而导入新课。

（二）新课教授

1. 介绍作者约翰·施特劳斯

设计意图：让学生了解作者生平。

2. 讲解"波尔卡"

概念：一种二拍子的捷克民间舞蹈，起源于19世纪30年代的波希米亚，19世纪40年代流传于整个欧洲。

特点：多为2/4拍，速度适中或较快。

强调典型节奏型：2/4 X̲X̲X̲ X̲X̲X̲ | X̲X̲ X0

师生一起拍节奏。

设计意图：为接下来聆听乐曲和律动做铺垫。

3. 乐曲创作背景

1868年春天，约翰·施特劳斯接受金星艺术家协会的委托，为当年的维也纳狂欢节创作一首乐曲。它主要描绘了在一个令人兴高采烈的节日里，人们聚集在一座金碧辉煌的大厅里舞蹈的场景。

4. 完整欣赏《雷鸣电闪波尔卡》

思考：乐曲的速度、力度是怎样的？全曲可以分为几段？

教师播放乐曲，边播放边画音乐图谱。（通过图谱给学生提示）

乌云密布　　　　　　　狂风暴雨　　　　　　　雷鸣电闪

不同的音乐图谱

设计意图：完整地聆听，让学生总体认识乐曲，激发他们聆听和学习的兴趣。同时，学生思考，在教师的提示下为乐曲分段，使聆听的思路更清晰。

5. 分段欣赏

（1）欣赏A段，讨论：乐曲片段描绘了怎样的画面？可以分为几个部分？情绪是怎样的？

设计意图：引导学生构思画面，充分发挥学生的想象力和创造力。

（2）教师用图片的方式展示A段描绘的画面；乐曲片段又可分为a、b两个部分。

① 播放a部分音乐。教师在乐谱中标记的位置用 演奏"X X X 0"的典型节奏，部分同学进行模仿。

A段a部分谱例

② 播放b部分音乐。在乐谱中标记的位置加入舞蹈律动，用 踏出"XX X XX X"的典型节奏，部分同学进行模仿。

A段b部分谱例

教师归纳：A段的情绪从热情欢快到兴致勃勃；休止符的运用（2/4 X 0X X 0X ）使音乐更富于弹性。

设计意图：巩固学生对"波尔卡"典型节奏型的记忆，感受"波尔卡"音乐的律动性。

（3）欣赏B段，思考并讨论：乐曲片段所描绘的画面同A段相比发生了什么变化？情绪是怎样的？如何表现的？

① 学生思考并讨论。

② 教师小结，A段中主要使用的打击乐器为定音鼓 ，B段

中除定音鼓又添加大鼓 、吊镲 两种打击乐器，使音响效果更丰

富，从而使电闪雷鸣的场面更突出。

设计意图：对比聆听，让学生自己发现旋律的不同和"画面"的转变。

③ 教师再次播放B段音乐并出示乐谱，在标记的位置加入 ，进行

律动，部分学生进行模仿。

B段音乐谱例

设计意图：运用打击乐器，让学生加深对旋律的记忆。

④ 教师播放B段节选，出示乐谱，通过对比聆听，讲解倚音、连音线

的使用。

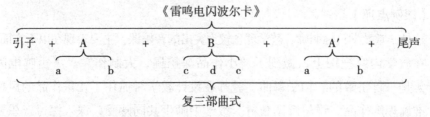

倚音+短促的八分音符+连音线=使乐曲十分活泼。

（4）教师播放最后一段，学生对比此段旋律是同A段相似还是同B段相似。

学生边听边思考，教师侧面引导学生回忆A段旋律。

设计意图： 教师边播放边引导学生自己去认识旋律，从而记住旋律。

（5）教师播放尾声部分，让学生思考作曲家以怎样的形式将乐曲的情绪推向了高潮。体会两次颤音（ 5 — $|$ 5 — ）同十六分音符的运用。

设计意图： 教师引导学生去聆听，感受颤音运用的意义。

6. 完整欣赏和表现乐曲

（1）教师播放全曲，学生分组同教师一起"表演"，在乐谱中标记的位置处加入打击乐器和身体律动。

设计意图： 感受和体会"波尔卡"舞曲，让学生牢记节奏和旋律。

（2）教师归纳，展示乐曲曲式结构图。

《雷鸣电闪波尔卡》

引子 ＋ A ＋ B ＋ A′ ＋ 尾声

a b c d c a b

复三部曲式

设计意图： 让学生更清晰地掌握乐曲的结构。

（三）知识拓展

教师进行器乐（单簧管）演奏，学生欣赏、感受"波尔卡"舞曲，并进行即兴伴奏。

设计意图： 吸引学生的注意力，提升学生的兴趣，让他们进一步掌握和运用"波尔卡"的典型节奏。

（四）课堂小结

1. 学生谈谈本节课的收获。

2. 教师总结：

本节课，老师和同学们共同欣赏并分析了约翰·施特劳斯的这首《雷鸣电闪波尔卡》，初步认识了复三部曲式的结构，掌握了"波尔卡"这种舞曲的形式和典型节奏型，通过亲身体验小件打击乐器的演奏和律动，对"波尔卡"舞曲有了更深刻的体会。通过本节课的学习，希望同学们不仅掌握了"波尔卡"的相关知识，而且可以在今后的学习生活中多去接触"波尔卡"。

【教学后记】

《雷鸣电闪波尔卡》是一节七年级的欣赏课。约翰·施特劳斯运用打击乐器产生的共鸣，形象生动地描绘出大自然中的疾风、雷雨和闪电的场面，同时与热闹的舞会形成了对比。在教学过程中，我着重引导，培养学生自己聆听和分析的能力。大部分的学生对音乐传递出的画面想象得不到位，甚至无画面感。为了让学生养成思考、想象、构建能力，本节课，我突出对乐曲片段画面感的表述，让学生充分理解乐曲的情绪延续和转变。

课上，我也添加了器乐的教学，目的是让学生切身参与到音乐实践活动中去，鼓励学生用器乐演奏的方式来表现音乐。师同生一起互动，实现了教学民主，拉近了师生之间的距离，使学生在民主、欢快的课堂氛围中欣赏乐曲、学习乐曲、分析乐曲、掌握乐曲，从而更好地实现音乐教育的目的。

【课例点评】

这是一堂教学目标明确、教学理念较为突出的音乐课，主要表现在以下方面：

在教学内容把握上，做到了"小作品深挖掘、大制作"。《雷鸣电闪波尔卡》是一首精致的二拍子舞曲，教师在设计教学时抓住了音乐作品的风格特征，准确理解作品，详尽解读教材。教学中师生共同感受，深入探讨音乐要素在作品中的表现，使学生更能体会作品的表现力……生成了本课中贯彻教学理念、体现有效教学行为的亮点。

在音乐作品的拓展上，做到了详略得当。教师设计了对比聆听的内容进行拓展：对同一作曲家所作的不同风格的舞曲作品进行比较，学生聆听、分析、区分，充分做到学以致用。

（此课例曾参加深圳市龙岗区中学音乐公开课展示）

《彝族舞曲》

深圳市龙岗区可园学校　夏 艳

【使用教材】

义务教育教科书·音乐（人民音乐出版社）七年级上册第二单元。

【教学对象】

七年级学生。

【课时安排】

1课时。

【教学理念】

根据《义务教育音乐课程标准（2011年版）》课程基本理念第四条"弘扬民族音乐，理解音乐文化多样性"，2012版人音版七年级上册第二单元是"缤纷舞曲"。舞曲是中外音乐艺术中不可或缺的音乐体裁，也是中外音乐文化中的重要组成部分。大家常说只有民族的才是世界的，可见本单元在初中音乐教学中占有极其重要的地位。

音乐是听觉的艺术，听觉体验是学习音乐的基础。发展学生的音乐听觉应贯串于音乐教学的全部活动中。在这节欣赏课中我们要让学生知道"听什么""怎么听"，这个尤为重要。我采用了创设情境、巧设问题、寻找要素对比、追踪主题等方法，让学生在安静、有意境的氛围中认真聆听，只有懂得如何去听、去欣赏，才能热爱民族音乐，有了这份热爱，才能激发学生的学习热情，让学生主动参与音乐课堂学习，提高音乐欣赏能力。

【教学目标】

1. 认识并分析复三部曲式结构，使学生对民族舞曲体裁有初步了解。

2. 熟悉并哼唱乐曲的主题旋律。分析曲式结构，引导学生参与实践及创造性活动。

3. 在欣赏中，加深学生对民族民间音乐艺术的真挚情感，增强民族自豪感。

【教学分析】

《彝族舞曲》作于1960年，是我国著名琵琶演奏家王惠然早年在彝族采风的过程中获取了海菜腔、烟盒舞等大量的彝族音乐舞蹈信息创编而成的，它主要描绘了彝族山寨迷人夜色和人们欢乐舞蹈的场景，有着浓郁的民族特色和强烈的时代气息。所以，教师必须对作品创作背景与创作来源有所了解，对琵琶的演奏方法也要略知一二，对琵琶的不同音区音色所表现的情境也要深刻理解并让学生能感受体验。

当下，许多初中生受"声入人心"和"经典咏流传"等综艺节目的影响，敢于表现自己，敢于超越自己。他们思想开放活跃，包容性强，喜欢现代流行歌曲和日韩歌星，面对各种音乐充斥耳边，可能出现对音乐审美的片面与迷茫。对于这首乐曲，教师应该更多的是引导学生静静地聆听音乐，感受作品民族特色与琵琶的独特魅力。

《彝族舞曲》用抒情优美的旋律和粗犷强烈的节奏描绘了一幅静中有动、动中有静的美丽画卷，教师从速度、力度、情绪等音乐要素的变化引导学生感受音乐情境的变化，并通过复三部曲式结构分析，让学生在反复聆听中熟悉主题音乐，充分体验作品的情感。

【教学重难点】

重点：感受音乐要素在不同主题音乐上的丰富表现。

难点：分析曲式结构，引导学生自主参与实践及创造性活动。

【教学准备】

多媒体课件，舞蹈图片，钢琴，沙锤、摇铃等打击乐器。

【教学过程】

（一）课堂导入

1. 营造氛围

听：课前播放音乐《琵琶女》。

设计意图：通过聆听琵琶演奏的乐曲，把同学们带到古香古色、源远流长的民族音乐中，为新课做铺垫。

2. 情境导入

（1）欣赏歌曲《999朵玫瑰》视频片段，对比聆听《彝族舞曲》的主题a部分，分析《999朵玫瑰》副歌部分与主题a音乐的异同，感受主题a音乐的演奏乐器及演奏形式。

（2）出示课题，简介作曲家及创作背景。

设计意图：从学生比较感兴趣的流行歌曲出发，拉近师生距离，让学生比较这段流行音乐与民族音乐的异同，明白民族音乐是流行音乐的源泉，越是民族的作品，越具有世界性。

（二）新课教授

1. 学唱主题a音乐（模唱体验）

（1）听音乐，找出旋律中出现的音以及重复最多的音，感受彝族海菜腔的旋律。

（2）师生随琴分小节、乐句，完整学唱旋律。

（3）情感处理：学生根据音乐旋律线的走向，自己选择加入"渐强""渐弱"等力度记号，慢速柔美演唱，体会力度的加入导致音乐情绪的变化。

设计意图：从导入中已经激发了学生的学习兴趣，让学生从学会静下心来聆听，训练培养良好的听觉感知，培养学生的音乐感受力、辨别力和记忆力等审美感知，这里顺其自然过渡到学唱主题旋律环节，遵循了初中生的心理特征，让学生从学唱中去深刻体会彝族海菜腔的民族韵味。

2. 初听音乐，谈想象的场景和感受（完整体验）

（1）同学们各抒己见，谈想象的场景和内容，谈感受。

（2）教师归纳评价，适时引导，让学生从速度、力度、情绪等方面去感受乐曲，将音乐要素与火把节故事巧妙结合，体验乐曲表达的时而宁静、时而跳跃的场景。

设计意图：初步感受音乐，建立音乐整体印象。

3. 分段赏析音乐

（1）说一说（介绍引子部分）。

请同学说说这个故事发生的时间、地点，引出引子部分迷人夜色的描绘。

（2）想一想（赏析乐曲的A段）。（想象体验）

① 欣赏A乐段，教师提问："乐段A有没有重复的主题？""想象音乐所表现的情境？"（出示A段的曲式结构aba'）

② 指导女生随乐用沙锤和"X XX"节奏为主题音乐Aa（阿诗玛曼舞）伴奏。

（3）猜一猜（赏析乐曲的B段）。（律动体验）

① 依次欣赏乐段B中的主题a、b、c，结合琵琶的演奏技巧，引导学生根据音乐的速度、力度、情绪等音乐要素来对比、分析。

教师提问："猜猜是谁在跳舞？""听Bd段音乐，经过酣畅淋漓的舞蹈后，阿诗玛和阿黑哥在休息中聊天，憧憬未来，他们在聊什么？"引入彝族民俗的简介。

B乐段音乐要素对比分析表

乐段	旋律	主题	速度	力度	情绪	演奏手法	情境
B（abcd）多段体曲式	热烈奔放	a	快板	强	欢乐	扫弦	阿黑哥欢舞粗犷豪放
		b	快板	渐弱	优美	轮指	阿诗玛独舞飘逸轻盈
		c	快板	强	热烈	轮指	男女群舞热烈红火
		d	速度变慢	渐强渐弱	柔美	推挽	互诉衷肠情意绵绵

② 对比B乐段的每个主题，老师引导学生，尝试用身体、乐器随B乐段不同的音乐主题创编不同的律动，体验不一样的音乐情感。

（4）找一找（赏析乐曲的A'段）。（再现体验）

播放乐曲最后一段，找出与之相似的主题旋律。

师生归纳：乐段A'是乐段A的主题再现。

设计意图：通过想象、模唱、律动、对比等方式多方位体验彝族舞曲风格，突出教学重点，实现能力目标中的体验与探究。

4. 完整欣赏乐曲（综合体验）

（1）欣赏全曲，随着琵琶独奏《彝族舞曲》视频的播放，彝族人庆祝火把节的故事开始展开。（代表每个主题的图片随音乐在PPT中依次出现。）

（2）在老师的指导下，男女生小组合作，按照之前创编的律动，随不同的音乐主题做不同的律动或伴奏，师生一起表演。

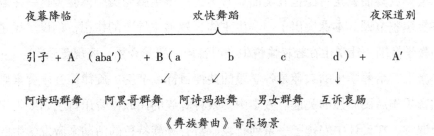

《彝族舞曲》音乐场景

设计意图：让学生再次完整欣赏乐曲，观看视频，通过视觉、听觉的结合，感受到速度、力度、节奏、旋律等要素的变化是影响音乐作品情绪、情境的关键。

5. 分析曲式结构

呈现复三部曲式结构图，认知复三部曲式。

引子 ＋ A ＋ B ＋ A′
（aba′） （abcd）

《彝族舞曲》曲式结构

设计意图：通过故事的形式将音乐与图片、表演相结合，清晰呈现乐曲曲式结构，自然巧妙地突破教学难点，有效地实现知识目标。

（三）知识拓展

欣赏琵琶协奏曲《彝族舞曲》视频片段。

提问：此段音乐的演奏方式与之前我们所听的《彝族舞曲》有什么不一样？

设计意图：最后通过琵琶独奏与琵琶协奏两种演奏形式的对比，感受中西合璧的乐器演绎的琵琶协奏曲别具一格的风味。学生结合前面所讲的演奏技巧和音乐要素，认真再次聆听，加深对主题音乐的印象。

（四）课堂小结

1. 学生分享自己所了解的琵琶乐曲。

2. 教师总结：

琵琶不愧为民乐之王，希望同学们不仅是民族音乐的欣赏者、表演者，更是它的传承者和发扬者，以后一定要让这颗中华瑰宝在世界音乐舞台上绽放出更加夺目、耀眼的光彩。

【教学后记】

《彝族舞曲》这首琵琶独奏曲非常美，让学生感受美、体验美这一主题应始终贯串整节课。本课突出了"学生主体、教师主导"的作用，创设了民主平等的教学氛围，让学生在轻松愉悦中学习音乐、感受音乐、表现音乐。

激发、培养学生的兴趣是各学段的共性目标，节奏、旋律等音乐要素则是影响音乐作品民族性的关键。教学中，我将彝族的民族性音乐特色始终贯串于整个课堂，在设计中安排了一系列有趣、富有彝族特色的活动来激发学生的兴趣，如让同学们想象彝族人庆祝火把节的情景，学唱源于海菜腔的主题旋律，用沙锤以及烟盒舞节奏为阿黑哥和阿诗玛跳舞伴奏助兴等。在知识延伸环节中播放协奏曲《彝族舞曲》的视频，让学生分辨各种演奏形式，再次加深学生对主题音乐的印象。

在教学实践中我也遇到不少困惑：在备课中搜集了很多彝族、琵琶等音乐素材，怎样学会取舍，精选素材与学生共同分享、学习，这对于我来说是一个考验。琵琶在日常生活中很少见，属于比较"冷门"的民族乐器，学生平时对它了解甚少，如果现场独奏琵琶的主题音乐，学生将会更有兴趣、更深入地来理解作品。

总的来说，这节课采用"学生自主学习、合作探究"的新型教学模式，激发了学生学习兴趣，发挥了学生的想象力与创造力，学生积极参与，感受、体验民族音乐的美，愉悦了身心，达到了预期的教学效果。

【课例点评】

此课采用的是体验式教学，无论在导入环节还是分段赏析或学唱主题音乐环节，老师都是在引导学生体验彝族舞曲的海菜腔旋律，体验烟盒舞动感的节奏。在曲式分析上，老师引导学生用声势律动或打击乐器体验各个乐段的情绪情感，一直用体验式教学引领着大家去观赏一幅用音乐描绘的山乡风俗画。通过琵琶扫弦、轮指、推挽等不同的演奏方式感受着彝族阿黑哥的"刚"，阿诗玛的"柔"，彝族山寨夜色的"静"，火把节庆祝会上的"动"，让大家听完乐曲之后有着意犹未尽的感觉。

　　这首乐曲时间比较长，作品很大，在短短的一节课中不能面面俱到，这就需要取舍，抓住重点，有的放矢，在重点乐段上引导学生去分析、感受、体验、探究。音乐是听的艺术，无论是学唱主题旋律还是创编各种律动，或加入打击乐器伴奏，都必须在安静有效的聆听基础之上进行。这节课注重了听的氛围、学生聆听的状态、在听之前的有效提问，能达到预期的教学效果，是一堂比较成功的课例。

　　　　　　　　（此教案曾获深圳市龙岗区说课比赛一等奖，并作为优质课展示）

《桔梗谣》

深圳市龙岗区平安里学校　杜烨琦

【使用教材】

义务教育教科书·音乐（花城出版社）七年级下册第六单元。

【教学对象】

七年级学生。

【课时安排】

1课时。

【教学理念】

以音乐审美为核心，注重感受与欣赏，运用多种教学方法和手段，让学生对课堂内容有美的体验、感悟、沟通和交流。突出音乐特点，注重听觉活动，在多次的聆听中感受和体验音乐，并能理解音乐文化的多样性，学会尊重不同背景和不同种族的民族音乐。

【教学目标】

1. 能让学生简单了解朝鲜族音乐，并有兴趣探索朝鲜族的相关文化。

2. 学生能用自然优美的声音演唱歌曲，初步了解朝鲜族歌曲的节奏和风格。

3. 学生能用朝鲜族独特的律动及"数字与符号"舞蹈方法表现音乐。

【教学分析】

《桔梗谣》为花城版七年级下册第六单元世界音乐之窗——亚洲音乐中的东北亚音乐内容，本单元旨在通过对世界音乐文化多样性的了解和学习，使学生逐渐学会理解产生于不同民族、不同文化背景的音乐，学会尊重来自不同种族和文化背景的人。

《桔梗谣》是一首曲调优美，带有舞蹈性节奏的朝鲜族民歌，本课设计者主要想通过听、拍、唱、跳多种体验途径让学生感受朝鲜族音乐的独特风格。

七年级学生生理、心理日渐成熟，获得知识和信息的途径增多，能够有意识地体验音乐所表达的各种情感，并有评价、欣赏音乐的能力，所以在课堂中，要以学生为主体，不断让他们进行尝试，在过程中感受音乐特质。

【教学重难点】

重点：引导学生体验和了解朝鲜族音乐的风格特点。

难点：学生能用不同节奏型为歌曲伴奏，能演唱和用舞蹈表现歌曲。

【教学准备】

课件、钢琴、卡纸、长鼓。

【教学过程】

(一) 课堂导入

教师伴随歌曲《桔梗谣》表演朝鲜族舞蹈。

表演后提问：

1. 这是哪个民族的舞蹈？

2. 从哪些方面感受出是该民族的舞蹈？

设计意图： 让学生在课堂一开始就从视、听两方面感受到朝鲜族音乐的独特风格，并将这种音乐感受用语言表达出来。从音乐性中剥离出三拍子这个特性，从而为接下来的教学奠定基础。

(二) 新课教授

1. 感受基本节奏

（1）双手有韵律性地轻击三拍子，并轻声演唱《桔梗谣》，演唱后问学生三拍子给人一种什么样的感觉。（舞蹈的、优美的、荡漾的。）

（2）出示卡纸 X X X || ≡教师用朝鲜族长鼓拍打此节奏型，并请学生一起轻击节拍，尽力找到三拍子的律动感，并了解三拍子是朝鲜族音乐的基本节拍。

（3）请学生延续对三拍子的良好感受，并用出示的基本节奏型为老师跳舞时的歌曲伴奏。

（4）用长鼓和学生一起为歌曲伴奏，播放《桔梗谣》范唱。

设计意图： 给学生充分的思考、感受、提炼的空间，并在简单的参与体验中找到三拍子的律动感。遵循音乐是听觉的艺术，在为歌曲的伴奏过程中，既熟悉了歌曲又体验了基本节拍。

2. 出示课题，完整聆听

（1）提问：刚才我们伴奏的是什么歌曲？

（2）出示课题《桔梗谣》，揭示桔梗的用途，以及"桔"的发音，并播放教材提供的范唱版，请学生欣赏。

（3）解释"道拉基"在朝鲜语中为桔梗的发音。

设计意图：揭示课题，简单了解歌曲，加深学生对歌曲的印象。解开学生对歌词部分的疑惑，使得接下来的学习能够顺利开展。

3. 用不同节奏型为歌曲伴奏

（1）用卡纸出示变化的第二种节奏型 Ⅹ. Ⅹ Ⅹ ｜ Ⅹ 0 0 ‖ 并让学生尝试拍击。

（2）用长鼓拍击第二种节奏型，在过程中带动学生和教师一起拍击。

（3）用长鼓拍击 Ⅹ. Ⅹ Ⅹ ｜ Ⅹ 0 0 ‖ 节奏型为歌曲伴奏，播放《桔梗谣》范唱。

（4）用卡纸出示变化的第三种节奏型 Ⅹ. Ⅹ Ⅹ ｜ Ⅹ ⅩⅩⅩⅩ Ⅹ ‖，鼓励学生自己尝试拍击。

（5）用长鼓打击第三种节奏型，在过程中带动学生和教师一起拍击。

（6）用长鼓拍击 Ⅹ Ⅹ. Ⅹ Ⅹ ｜ Ⅹ ⅩⅩⅩⅩ Ⅹ ‖ 为歌曲伴奏，播放《桔梗谣》有声乐谱，并调慢速度。

设计意图：在自我尝试中培养学生思考的能力，在变化的节奏型中感受朝鲜族歌曲风格。长鼓的加入使歌曲的民族韵味更加浓烈，能激发学生的学习兴趣，在这种多次的聆听和体验中进一步熟悉歌曲。

4. 学唱并体验歌曲

（1）请同学们跟随范唱自我尝试演唱歌曲，并提醒学生关注衬词部分，思考这个部分的歌词应该用什么样的情感和力度演唱。

（2）单独范唱衬词部分，并在钢琴伴奏中让学生演唱这一句。

（3）让学生自我发现演唱中的问题，教师给予解决。

（4）请同学们跟随课件伴奏完整演唱歌曲，在演唱的过程中教师用长鼓伴奏。

设计意图：培养学生感受歌曲情感的能力。用自我评价的方式更能吸引学生课堂注意力和激发学习兴趣，可起到事半功倍的效果。完整演唱歌曲是对之前学习的检验和反馈，通过前面的积累，在演唱过程中，学生更能进一步体验到朝鲜音乐的独特风格，而长鼓的加入使得这一风格更为显著。

5. 呼吸的感受

（1）让学生回忆，教师表演的舞蹈有什么最突出的特点。

（2）教师做简单的呼吸练习，让学生分析要领，并引导学生一起做呼吸练习，并从中感受朝鲜族音乐的独特风格。

（3）播放范唱《桔梗谣》，让学生在音乐中做呼吸练习。

（4）播放《桔梗谣》伴奏音乐，让学生用带有呼吸的感觉完整演唱歌曲。

设计意图： 在音乐中单纯做呼吸的练习，能够让学生集中注意力，专心地投入到歌曲的体验中。经过之前一系列的学习和体验，学生已经大致熟悉朝鲜族音乐风格，最后让学生用朝鲜族独特的呼吸和音乐风格来表现歌曲。

（三）知识拓展

1. 引导学生发现歌曲中的骨干音，并由此引出朝鲜族五声调式概念。

2. 播放已录制好的朝鲜族历史发展及人文环境片段。

3. 让学生通过教师的舞蹈动作猜猜是什么数字。

4. 展开"数字与符号"舞蹈教学。

设计意图： 让学生简单了解朝鲜族传统音乐基本调式，扩宽知识层面。任何民族音乐的发展都离不开相关历史的发展，简单了解人文环境可加深学生对音乐风格的理解，并能拓宽知识面，激发学生对朝鲜族文化的探索兴趣。化繁为简，用数字与符号独特的教学方法激发学生学习兴趣，并能在歌舞中体验朝鲜族音乐的独特风格。

（四）课堂小结

1. 让学生自己总结本堂课的学习内容。

2. 教师小结：

音乐文化是多样性的，要学会尊重不同种族、不同风格的人和音乐。

设计意图： 用提问的方式让学生主动总结学习内容，并引导学生认识到音乐文化的多元性，用更加包容的心态对待民族音乐。

【教学后记】

一个好的课堂靠什么来支撑？不是"能力"，而是"理念"——以审美为核心的理念，突出音乐学科特点的理念，强调音乐实践的理念，理解音乐文化多样性的理念……有了这些理念的支撑，我们才能用正确的意识来支配行动，从而进行合理的课堂设计。在准备公开课《桔梗谣》的过程中，我更深深体会到这一论断的正确性。

《桔梗谣》是一首著名的朝鲜族民歌，曲调优美，结构短小，舞蹈性节奏较强。面对这样一首歌曲，学生要在四十五分钟的短暂时间里经历从陌生到熟悉到理解的"三级跳"，我究竟该做些什么？反复修改后，我以这样的思路作为基础规划课堂——第一，以音乐为本，始终用音乐的方式充实课堂。第二，以学生为主体，引导他们主动参与，培养学生的思考能力。第三，遵循听觉艺术的感知规律，在聆听中认识、感受、参与、喜爱音乐。这样的思路放进课堂很快收到了很好的效果，每一个让学生自我思考或尝试的环节，学生都兴致勃勃。譬如从课堂一开始，我让学生说说从哪些方面感受到老师表演的是朝鲜族舞蹈，学生的回答五花八门，有的说服饰，有的说舞蹈动作，有的说课件上展示的朝鲜族女孩，有的说旋律和歌词，学生的积极性非常高，这为后面的延续打下了了好的基础。又如在拍击变化的节奏型这个环节中，其实大部分同学都不能准确地拍出，但是我非常热情地鼓励了大家，学生的自信心得到了鼓舞，绝大部分同学都非常乐意来"试错"，这为"做对"铺垫了参与基础。再如，最后的小节中，我问学生："这堂课我们学到了一种包容，是什么的包容？"对于七年级的学生来说，这种有深度的问题体现的是一种提炼和思考的能力。当有几个同学回答出后，其他同学也纷纷跟着说出了自己的想法。这种把课堂交给学生的做法，贯串在教学中的每一个环节，使得课堂更加活跃与和谐，学生乐于在课堂中思考和体验。

陆游曾说"纸上得来终觉浅，绝知此事要躬行"，同理，音乐的审美是在生动、多样的音乐实践活动中，通过学生的亲身参与生成和实现的，而聆听是实现音乐审美的必需途径。在整个课堂中，我用不同的方式让学生听赏了15遍《桔梗谣》，每一遍都是不同的体验形式，例如用三种不同的节奏型为歌曲伴奏，在不同的呼吸体验中感受歌曲风格，用学生自己的审美体验来演唱歌曲，等等，学生在音乐的层层包围中，不知不觉熟悉并感知了《桔梗谣》。

当然，每一次的课堂都是现场艺术，总有它的遗憾所在，此次课堂中我准备了朝鲜族长鼓这一样极具民族风格的打击乐器，但并未能很好地运用，主要表现在学生没有通过实际的体验来感受这一特色。在下一次的实践中，我会更注重民族乐器与音乐的结合，让学生能在更深层的体验中感受民族艺术的魅力！

【课例点评】

在整个课堂中，教师始终以音乐审美为核心，注重感受与欣赏，运用多种教学方法和手段，让学生对课堂内容有美的体验、感悟、沟通和交流。突出音乐特点，注重听觉活动，在多次的聆听中感受和体验音乐。

（此教案曾获深圳市龙岗区中小学课例比赛一等奖）

《辛德勒的名单》

深圳市龙岗区南湾学校　欧阳伊丽

【使用教材】

义务教育教科书·音乐（人民音乐出版社）七年级下册第二单元。

【教学对象】

七年级学生。

【课时安排】

1课时。

【教学理念】

本课针对七年级学生的年龄特点和认知特点，通过聆听、演唱等方法引导学生感受音乐，以音乐要素为主线，指导学生把握力度、速度、调性、旋律线等音乐要素，浅析乐曲的曲式结构，感受乐器的不同音区及不同的乐器音色所渲染的音乐情绪，发挥学生自主学习、主动探索的能动性，培养学生分析鉴赏音乐的能力，有效提高学生的音乐基本素养，在激发学生学习音乐的兴趣的同时，增强学生对影视音乐的关注度。

【教学目标】

1. 学生能运用自然圆润的声音有感情地演唱主题，了解乐曲旋律波浪式进行的特点，感知音乐要素如何塑造音乐形象。

2. 初步了解影视主题音乐在影片中的作用及基本特点，对影视音乐有继续学习和了解的愿望。

3. 学生乐于参与课堂演唱和欣赏活动，培养学生完整欣赏电影的好习惯。

【教学分析】

影视音乐是音乐与影视艺术门类的综合，它随着电影、电视的不断丰富发展成为一种新的音乐体裁，备受广大民众的喜爱。人音版七年级下册第二单元的重点在于引导学生领会音乐在影视中的形式及作用。

《辛德勒的名单》主题音乐为本单元重点欣赏曲目，其旋律进行起伏跌宕，情感表达深沉内敛，有极高的艺术性和思想性，其音乐的变化与剧情发展的联系紧密，是影视主题音乐的良好素材。

七年级学生大多数喜欢看电影、电视剧等影视作品，也喜欢听影视音乐、动画音乐，但他们更多的是关注剧情，对音乐与画面、音乐与剧情发展间的关系并不十分关注。因此，教师要特别注意引导，通过学习实践活动，促使学生在感受这些经典影视音乐的同时，心灵得到陶冶和升华，审美修养得到丰富和提高。

【教学重难点】

重点：了解影视主题音乐在影片中的基本特点及作用。

难点：认识主题音乐旋律的进行形态特点，感知音乐要素如何塑造音乐形象。

【教学准备】

多媒体课件、电脑、钢琴。

【教学过程】

（一）课堂导入

1. 音乐知识：回顾影视音乐的概念。

2. 请学生听音乐，并说说其来自哪部电影或电视剧。

设计意图：从复习影视音乐概念导入，播放五首不同体裁影视音乐片段，加强学生对影视音乐概念的理解。其中，浏览性地欣赏了《伴随着你》，最后一首是《辛德勒的名单》的片头音乐——犹太人的宗教性吟唱，自然地衔接到新授课题。

（二）新课教授

1. 简介《辛德勒的名单》

教师简介电影《辛德勒的名单》的背景、故事情节及其获奖情况，并展示相关图片、视频让学生欣赏。

设计意图：使学生初步了解电影《辛德勒的名单》，为后面感受、体验主题音乐做准备。

2. 完整欣赏音乐（第一遍欣赏）

（1）乐曲的主要情绪是怎样的？

（抒情的、痛苦的、悲伤的。）

（2）乐曲运用到哪些乐器？主奏乐器是什么？

（乐曲运用了小提琴、大提琴、长笛、双簧管、竖琴等乐器，主奏乐器是小提琴。）

设计意图：让学生初步感受《辛德勒的名单》的主题音乐，引导学生充分发挥自己的想象力感知乐曲的情绪。

3. 再次完整欣赏音乐主题（第二遍欣赏）

（1）要求学生看歌谱随音乐默唱。

（2）教师提出问题：

①乐曲的速度、力度如何？

（速度：稍慢；力度：mp、mf、f，以mp为基调。）

②主题旋律可以分为几乐句？调性怎样？

（共10个小节，3个乐句。整首乐曲最后结束音在低音"la"上，并多次出现"do"和"mi"两个音，从而判断调性为小调。）

设计意图：欣赏音乐的主题部分，加深学生体验。分析乐曲，引导学生感知悲伤的音乐形象是通过怎样的力度、速度、调性来塑造的。

（3）第三次欣赏音乐主题（第三遍欣赏），随乐跟唱主题旋律。

①师生随乐用手画旋律线，有感情地用"u"模唱。

②请一个学生上台在黑板上随乐画旋律线，引导其他学生随旋律线的起伏有感情地演唱旋律。

设计意图：通过模唱主旋律，用肢体体验旋律线条的跌宕起伏，引导学生充分感受旋律的波浪式走向。

4. 影片片段欣赏

（1）教师播放取自影片不同位置的三个片段，并且每个片段中演绎主题音乐的乐器不同，分别是小提琴、圆号和钢琴。引导学生运用对比欣赏的方法来感受音乐的情感变化，及思考主题音乐的特点和作用。

（主题音乐的特点是：①贯串影片始终；②在剧中不断发展变化。主题音乐的作用是：揭示主题，深化主题。）

（2）教师引导学生共同归纳主题音乐的概念。

（主题音乐是指高度概括影视内容的音乐，即一部影视作品的核心音乐，也是一部剧作的灵魂和精华。）

（3）教师引导学生共同总结影视音乐的定义和分类。

（影视音乐包含了配乐和歌曲。配乐包括主题音乐、场景音乐；歌曲包括主题歌、插曲。）

设计意图：通过观看取自影片不同位置的三个片段，对比欣赏用小提琴、圆号、钢琴演奏的三段主题音乐，让学生充分感受到主题音乐在电影中的发展及其所表达的情感，让学生层层理解主题音乐的概念、特点及作用，提高学生的逻辑思维和归纳总结能力，从而有效地理解和掌握影视音乐的定义和分类。

（三）知识拓展

聆听《放牛班的春天》的主题歌曲《眺望你的路途》，让学生从歌声中联想到这部影片的情绪与内容。

设计意图：让学生从音乐中感受情绪，想象剧情，进一步理解主题音乐和主题歌曲的作用，理解影视音乐是为影视剧情服务的。

（四）课堂小结

1.学生谈这节课的收获与感受。

2.教师总结：

随着电影、电视与人们的文化生活紧密相连，影视音乐也在不断地丰富发展，给我们的日常生活增添了很多欢乐。而其实，影视音乐的内涵是非常深厚的，今天我们通过欣赏《辛德勒的名单》，只是刚刚跨进了影视音乐的这扇大门，还有更多精彩纷呈的内容等着我们去发现、挖掘，甚至是创造。希望同学们今后多关注影视音乐。

【教学后记】

1. 好课的设计和展现，必然要有正确的思想引领

作为一名音乐教师，必须认真学习、消化新课程的理念，并内化成教师自己的追求，体现在课堂教学的实践中。一堂音乐课若能像课程标准所提倡的"以音乐为本"——音乐课决不能忽略音乐本身，抓住"最基本"的活动、技能和方法，如唱歌、欣赏等，"以生为本"——每一个环节都从学生出发，尽可能根据学生的认知规律，潜移默化地层层深入，培养和提高学生感受美、表现美、鉴赏美、创造美的能力，这样就不失为一堂好的音乐课。

2. 提问是一种教学手段，也是一种教学艺术

在此次备课的过程中，我深深地体会到巧妙设问的必要性和重要性：巧妙设问能激发学生学习的兴趣，培养学生主动求知的习惯；巧妙设问能使教学活动逐层推进，过渡自然；巧妙设问还有一个更大好处，就是可以把学生的注意力迅速集中在一个点，从而突出教学的重点，解决难点。如这堂课在解决划分曲式结构难点时，我力求少而精，设计了几个问题："a主旋律完整地出现了几次？b每次出现时有没有变化？c音区有没有变化？怎么变化的？"这几个问题是层层递进的，切入点也越来越小，引导学生在欣赏时关注主旋律的变化，从而较轻松地解决了曲式结构问题，一切水到渠成。

3. 突出音乐特点，关注学科综合

影视音乐是音乐与影视艺术门类的综合，体现了音乐教学的学科综合。在《义务教育音乐课程标准（2011年版）》中的课程基本理念中特别提到"突出音乐特点，关注学科综合"。其中，"突出音乐特点"是前提，是学科综合的基本原则，强调了教师在教学过程中应更多地关注音乐本体。"学科综合"由原来的"提倡"修改为"关注"，这个变化比较大，显示了程度上的不同，并且必须是在"突出音乐特点"的前提下。在教学设计中，我融合了历史、美术等其他学科，让学生感受到了这个主题音乐在影视作品中呈现出了极高的艺术性与思想性。

【课例点评】

1. 抓住音乐本质，紧扣教材内容

在这节音乐课中，教师牢牢地抓住音乐的本质，从复习第一课时所教授的影视音乐概念导入，到播放五首不同体裁的影视音乐，激发学生兴趣的同时，加强了学生对影视音乐概念的理解。其中，浏览性地欣赏了《伴随着你》，最后一首是《辛德勒的名单》的片头音乐——犹太人的宗教性吟唱，自然地衔接到新授课题，到最后拓展部分《放牛班的春天》的主题歌曲《眺望你的路途》，整节课都在电影音乐的美妙旋律中度过。所有的音乐内容完全取自教材，教师收集了大量的多方面的相关资料，不断反复研究影片《辛德勒的名单》中主题音乐出现的形式，然后精心选择了最精华的部分融入教学过程中来。

2. 巧设问题情境，指向音乐本身

在音乐教学中，如何运用问题来引导学生欣赏音乐、关注音乐是至关重要的，问题设计要有实用性、明确的指向性、科学性，目的是让学生在解决问题的过程中获取知识。该老师在教学过程中设计的问题紧紧围绕音乐主体，不断深入，引领学生关注音乐作品中的要素及其所体现的音乐情感和形象，从而挖掘音乐内涵，感受音乐情感，是课程成功的关键所在。

（本课例曾获深圳市音乐教师现场课比赛一等奖）

《游击队歌》

深圳市龙岗区布吉中学　尹军蓉

【使用教材】

义务教育教科书·音乐（人民音乐出版社）九年级下册第一单元。

【教学对象】

九年级学生。

【课时安排】

1课时。

【教学理念】

兴趣是学习的巨大动力，是学生主动进行学习和研究的精神力量，是人对事物或活动所表现出来的积极、热情和肯定态度，并由此产生参与、认识和探索的心理倾向。吸引学生对所学歌曲产生兴趣，从而开展教学，加强学生对歌曲旋律的印象，让学生时时保持一种对歌曲学习的积极心态和愉悦体验，是本节课重要的教学理念。

【教学目标】

1. 学生能够用坚定有力、富有弹性的声音吐字清晰地演唱《游击队歌》。

2. 学生能够尝试用不同的速度、力度和表情演唱歌曲，以表现不同的战斗情景。

3. 学生能够对革命历史题材的音乐感兴趣，愿意了解与其相关的音乐文化及历史背景。

【教学分析】

1. 贺绿汀创作的《游击队歌》是抗日战争时期风行全国、家喻户晓的经典名作。歌曲生动地表现了敌后游击队在艰苦环境中的革命乐观主义精神，刻画了游击队员们顽强战斗、机智灵活的英雄形象。歌曲节奏鲜明、曲调轻快、朗朗上口，具有鲜明的时代特点和生命力，具有浓郁的进行曲风格，是学生喜欢的歌曲之一。

2. 歌曲创作背景为抗日战争时期，学生生在新中国，对这段历史的认识仅仅停留在书本上。教师可引导学生自己查找资料，吸引学生更好地了解这段历史，从而了解这段历史背景下产生的音乐作品，对作品产生亲切感，拉近学生与歌曲的距离，让他们能够更深刻地体会歌曲中的游击队员形象。

3. 初中三年级的学生身心发育日趋成熟，他们在掌握好歌曲音准、节奏等基础知识后可以有感情地演唱歌曲。对于完成情况很好的班级，可以考虑让学生背唱歌曲旋律，以增加对歌曲的理解力和表现力，让他们感受游击队员勇敢顽强、机智灵活的音乐形象，体会歌曲传达的革命乐观主义精神。

【教学重难点】

重点：能用坚定有力、富有弹性的声音吐字清晰地演唱歌曲。

难点：能唱准歌曲中的弱起节奏和变化音，并争取背唱全曲。

【教学准备】

歌谱、多媒体课件、音响。

【教学过程】

（一）课堂导入

1. 科尔文手势练习。

2. 练习步骤：

（1）教师用手势展示单音mi re si la so和mi re mi fa so，学生视唱。

（2）教师按乐谱节奏打手势，学生视唱旋律。

（3）教师出示乐谱，学生跟随钢琴伴奏，唱乐谱两遍。（注意变化音#4的音准）

（4）在熟练演唱乐谱的基础上，加入歌词。

（5）跟随钢琴伴奏熟练演唱这段旋律。

$$\frac{4}{4}\ \underline{3\ 3}\ 3\ \underline{2\ 2}\ 2\ |\ \underline{3\ 2\ 3}\ \underline{2\ 1}\ \underline{7\ 6}\ \underline{5}\ |\ \underline{3\ 3}\ 3\ \underline{6\ 6}\ 6\ |\ \underline{2\ 2\ 2}\ 3^{\#}4\ 5\ 0\ |$$

设计意图：从歌曲的副歌部分入手，引导学生通过柯达伊手势符号学唱乐谱，掌握变化音#4的音准，解决乐谱难点，为后面的歌曲学习打基础。

（二）新课教授

1. 学唱歌

（1）教师完整范唱歌曲，请学生辨别哪些旋律是熟悉的。

（副歌部分是新课导入时练习过的旋律。）

（2）教师弹歌曲完整乐谱，学生用"lu"跟唱副歌的旋律，辨别歌曲可分为几个乐句。

（四个乐句，每一个句号为一个乐句。）

（3）教师演唱前两个乐句，请学生辨别旋律上有怎样的异同。

$\frac{4}{4}$ 5 5 | 1 1 2 2 3 2 3 4 | 3 1 2 1 7 6 7·6 5 5 5 |
我们 都是神枪手，每一颗 子弹消灭一个敌 人，我们

1 1 2 3 4 5 6 5 6 | 5 3 2 4 3 0 5 |
都是飞行 军，哪怕那 山高水又深。 在

1 1 1 2 2 3 2 3 4 | 3 1 2 1 7 6 7·6 5 5 |
密密的树林里，到处都 安排同志们的宿营地，在

1 1 1 2 3 4 5 2 3 4 | 3 1 1 2 7 1 — |
高高的山冈 上，有我们 无数的好兄弟。

（两个乐句的前两小节旋律都相同，只有最后一小节旋律不同。）

（4）跟钢琴伴奏学唱这两句旋律，注意换气记号和弱拍起的准确。

（启发学生用急吸的方法，唱准弱起节奏并注意换气记号。）

（5）学生跟钢琴伴奏完整演唱歌曲。

（教师纠正不够准确的地方，例如变化音#4和弱起节奏的八分音符与十六分音符。）

（6）尝试用弹性的声音演唱歌曲，体会歌曲灵巧、活泼的风格。

设计意图：用听唱和视唱相结合的方式学习歌曲旋律，层层剖析，了解歌曲组成与突破难点，逐步熟悉和掌握歌曲旋律。

2. 会唱歌

（1）聆听男声四重唱版的《游击队歌》，思考歌曲的演唱形式和声音特点。

（男声四重唱，吐字清晰，声音有弹性、有力。）

（2）聆听混声合唱版的《游击队歌》，感受歌曲的力度和速度变化，并思考这种变化与游击队员形象塑造之间可能的内在联系。

（歌曲力度先渐强后渐弱最后渐强的变化，塑造了游击队员机智、灵活、

勇敢、顽强的形象。）

（3）引导学生尝试用急吸缓呼的歌唱方法，用富有弹性、轻快有力的声音演唱歌曲。

（注意准确把握节奏，吐字清晰。）

设计意图：聆听歌曲的不同演唱形式，锻炼学生的有效听觉，启发学生尝试从力度变化和节奏准确上更细致地表现歌曲。

3. 唱好歌

（1）观看大型音乐舞蹈史诗《东方红》中《游击队歌》的视频片段，思考歌曲要表现的场景与创作背景之间的关系。

（歌曲创作于1937年，视频生动再现了青纱帐里游击队员们战斗的情景。）

（2）学生分组讨论，总结歌曲通过哪些手段表达情感，塑造游击队员的形象。

（通过力度变化、音色变化、和声变化以及饱满的热情表现歌曲。）

（3）学生按照自己的总结，完整而富有感情地演唱歌曲。

（个别学生当众完成作品，生生互评，教师小结。）

设计意图：观看《游击队歌》的视频，让学生更深入体会和理解歌曲要表现的音乐形象及创作背景。学生通过讨论总结，锻炼听觉和归纳能力，挖掘学习的兴趣和动力，并通过演唱进一步提高表达情感的能力。

（三）知识拓展

1. 尝试使用身边可以发出响声的物品为歌曲伴奏。

（如自制一个小军鼓，或用纸发出声音做打击乐器等。）

2. 自创一种节奏为歌曲伴奏。

（例如Ｘ Ｘ Ｘ 或 Ｘ Ｘ 等。）

3. 在自创的声音和节奏伴奏下演唱歌曲，并尝试变化力度和音色来表现歌曲情感。

设计意图：在掌握歌曲的基础上，让学生体会创作的乐趣，通过创作加深对作品的喜爱之情，并培养相互之间的合作意识。

（四）课堂小结

这首歌曲是抗日战争时期产生的优秀音乐作品之一，是我们中华民族的优秀文化遗产，感兴趣的同学还可以在课后搜集这一时期的其他音乐作品进行欣赏。

【教学后记】

音乐课程基本理念是以审美为核心，淡化教育活动中直白的知识传递过程，代之以师生双方的主动投入、互相吸引的情感交流活动。在音乐教学方法的审美原则上一定要遵循参与性原则、情感性原则及愉悦性原则。本案设计的多种教学方法，学生参与性强，能够体验到成功感，教师强化音乐教学方法的实操化和实用性，让学生对音乐产生浓厚的兴趣，使"要他唱"变为"他要唱"，进而使学生保持持久的音乐学习热情和动力。

在挖掘歌曲情感内涵上，本案采用"对话"和"唱和"的形式，让学生主动思考和寻找歌曲的情感体验及所表现的音乐形象，学生通过自主体验歌曲，寻找到了歌曲真正想要表达的情感。

本课的不足主要表现在对学生体验情感上的方法引导较单一，导致学生在歌曲的演唱上情感表现不够细致。另外，在知识拓展环节，创作打击乐器和节奏这部分进行得还不够深入，应该给学生更多的想象空间和尝试。

【课例点评】

这是一节以唱歌为主的音乐课。所有的教学环节都围绕着唱歌设计，模唱、视唱、听唱、对唱等多种演唱方式的运用，使学生一直保持学习的热度，教师通过多种教学方法层层深入地达到教学目标，保证了良好的教学效果。

不足之处在于学唱歌曲的方法创意不够，歌曲情感的挖掘深度不够，对歌曲背景的分析不是很全面，教师要从歌曲的情感表达上更多地启发学生，让学生对歌曲内容和情感产生共鸣。

（此教案曾获得深圳市中小学唱歌教学优秀教案评选一等奖）

高中教案

《学会聆听》

深圳市龙城高级中学 李羽中

【使用教材】

普通高中课程标准实验教科书·音乐鉴赏（人民音乐出版社）第一单元。

【教学对象】

高一年级学生。

【课时安排】

1课时。

【教学理念】

审美教学认为，美的实质是情感教育。在歌曲赏析中，调动学生一切能调动的感官来感悟和体验音乐所表达的情感内涵，让学生在感知旋律、节奏、和声、音色、速度、力度以及创作形式时，通过音乐要素所表现的艺术形象跟作曲家发生思想上的交流碰撞，以至产生强烈的情感共鸣，使学生更深层次地学习音乐，感受音乐。有利于学生养成健康、高尚的审美情趣和积极乐观的生活态度。

【教学目标】

1. 了解音程关系、旋律走向、音乐织体等音乐要素相互结合对音乐内容及情绪表达产生的影响。

2. 学生能用各种音乐要素多角度地分析琵琶协奏曲《草原放牧》的主题，以及《第六（悲怆）交响曲》第四乐章主题情绪的成因。

3. 体会音乐来源于生活，体现作曲家的世界观，加深对乐曲的感知力，消除交响乐、古典乐"难懂"的心理，透过音乐要素与作曲家的心灵产生更多共鸣，乐于主动聆听。

【教学分析】

《学会聆听》是高中音乐鉴赏模块第一单元，对高中阶段的音乐鉴赏活动起着提纲挈领的作用，旨在引导学生初步认识以下三个问题：第一，音乐要素的基本内容及其艺术作用；第二，怎样鉴赏音乐；第三，音乐与人生的关系。音乐的要素包含很多，在一节课的时间里不太可能面面俱到，节奏、速度、力度等要素的运用在小学和初中音乐课有所涉及，此节课在复习和运用这些知识的同时，重点让学生感受旋律的音程关系（同音反复、级进、跳进）和旋律走向（环绕型、大山型、射线型、瀑布型等）以及织体对音乐情绪表达产生的影响，并了解各音乐要素如何相互作用，共同塑造音乐形象，从而更全面地掌握聆听的基本技能。

【教学重难点】

重点：感受音程关系、旋律走向、音乐织体等音乐要素在作品中的运用。

难点：众多音乐要素中"音乐织体"的理解和听辨。

【教学准备】

多媒体视听平台、钢琴。

【教学过程】

（一）课堂导入

教师以四个音的组合为动机，通过变化速度、和声、节奏节拍、力度、音色等音乐要素，让学生体验不同旋律的不同情绪，并思考：

（1）音乐的情绪有什么不同？

同一段曲调由于音乐的基本要素不同，情绪截然不同。

（2）哪些音乐要素发生了变化？

音的高低组合、节奏、力度、音色、速度等发生了变化。

设计意图：通过聆听用不同音乐要素相结合表现的同一曲调，认识音乐要素具有一定指向性，影响着音乐情绪。

（二）新课教授

1.初听琵琶协奏曲《草原放牧》

边听边思考：

（1）音乐情绪有什么变化？

音乐主要有两种情绪：欢快的和抒情的，我们称其为两个对比性的主题。

（2）全曲大概可以划分为几个段落？

以速度、节奏、力度等熟悉的音乐要素作为判断依据，全曲可以分为引子+快—慢—快三个段落。

设计意图：播放前引导学生围绕问题有目的地进行聆听，并运用已有音乐知识对音乐进行分析。

2.聆听《草原放牧》第一主题，感受音乐要素的运用。

（1）聆听并思考：如果你是作曲家，想让音乐情绪发展，你会使用哪些方法改变音乐要素？

活动：学生闭眼聆听，用恒定的拍子感受节奏是否有变化。当听到演奏音色出现变化时用翻转手掌的方式示意。

① 感受节奏密度的变化：2/4拍变6/8拍。

② 感受音色变换逐渐频繁，乐器从单一到多样化。

学生探讨：从速度、力度、节奏、旋律、音色等角度思考，各抒己见。

小结：节奏、音色等音乐要素能推动主题发展。

（2）视唱第一主题，画出旋律线。

① 音程关系：三度以内为主。

② 旋律走向：环绕型。

小结：音程关系、旋律走向对音乐情绪的表达有一定影响。

设计意图：深入细致地聆听，体验音乐要素如何变化，以推动主题的发展。

3.聆听《草原放牧》第二主题，体验其音乐要素。

（1）讲解音乐织体的概念及类别。

① 单声织体：音响是单一的旋律线条。

② 主调织体：在单一旋律下方添加了和声背景的。

③ 复调织体：两条及以上不同的旋律交错、重叠的。

活动：教师以《同一首歌》为例在钢琴上分别以三种不同的织体演奏，通过不同的音响效果，加深学生对织体的感性认识。并分组讨论，派代表加以总结。

（2）聆听《草原放牧》第二主题，辨别不同音乐织体的运用。

① 在琵琶的长轮碎音处，加入弦乐进行填充，弦乐器与琵琶呼应，是复调织体。

②以音色圆润的木管乐器为主，琵琶给予短琶音伴奏，是主调织体。

③用大提琴模仿马头琴，和琵琶共同营造苍凉的意境，是复调织体。

小结：一切音乐要素都是为音乐内容和音乐情绪服务的，作曲家选择织体和乐器音色非常考究。

（3）聆听第二主题，画出旋律线。

①音程关系：跨度大。（大跨度的旋律似悠长的气息）

②旋律走向：形似山。（大山型的旋律走向似宽阔的草原）

小结：速度快、节奏密集、音程三度以内跳进多、旋律线环绕型——音乐情绪欢快愉悦；速度慢、节奏舒缓、音程跨度大、旋律线大山型——音乐情绪抒情宽广。

设计意图：听觉与身体韵律相结合，再次感受多种音乐要素对音乐创作的影响。

4.完整聆听《草原放牧》，并请学生说出听音乐时联想到的画面。

小结：音乐要素虽然有一定的指向性，但并不像文字那样有确切的意思。

设计意图：通过画面联想，体验深层次聆听，开启想象思维。

（三）知识拓展

1.聆听并分析柴可夫斯基《第六（悲怆）交响曲》第四乐章主题。

（1）听乐曲，谈感受。

体验乐曲悲伤、压抑的情绪。

（2）从音乐要素的角度分析为什么有这种情绪感受。

速度慢、旋律音程关系是级进下行、瀑布型的旋律走向，力度从强到弱等。

（3）创作来源于生活。

介绍创作背景，揭示作曲家选择这些音乐要素的深层次原因。举例柴可夫斯基创作中下行二度似叹息、哭泣，力度渐弱预示着情绪从高涨到低落，说明音乐要素的使用和生活息息相关。

设计意图：感性与理性相结合，会用音乐要素分析音乐，从而实现高质量聆听。

（四）课堂小结

请学生谈谈这节课的收获与感受。

总结：音乐来源于生活。音乐不仅仅提供音响，而且展示世界观。

　　设计意图：通过同学之间最真实的感受相互碰撞，明确这节课的收获与努力方向。

【教学后记】

　　《学会聆听》是高中一年级鉴赏模块教学的第一课，我觉得在教法设计和教学策略上尤其需要予以重视，既不能讲得太肤浅，又不能让理论晦涩难懂。为突出学生的主体性，肯定学生对音乐的主观认识和理解，引发学生聆听音乐的欲望，我采用了各种教学方法，取得了一定成效：

　　1. 采用情境设置法、先思后听法、听唱结合法等各种方法，从感性认识逐步引导到理性认识，引导学生去体验、探究音乐各要素对音乐情绪产生的影响。

　　2. 使用现场演奏法、对比聆听法、画旋律线法等，将抽象的概念直观化，打开感性通道加深对音乐的感知。

　　3. 通过作品背景的讲解，将文化与音乐相结合，拓宽学生的音乐视野，让学生明白音乐来源于生活，它不仅仅提供音响，而且展示世界观。

　　因为学生的音乐基础良莠不齐，很多学生还不具备聆听的耳朵，因此某些环节问题的设置可加强层次化，使受益面更广。

【课例点评】

　　"音乐鉴赏"模块主要通过聆听和感受音乐及对音乐历史与文化的学习，培养学生的音乐审美能力和评价、判断能力。这节课目标明确，在突破重、难点上有着独特的方法。教师以各种形式调动学生的聆听积极性，充分调动学生的音乐感知力，使学生感受音乐要素对于音乐情绪的重要作用。在教学过程中，授课教师结合钢琴专业特长，使学生在身临其境中直观地感受到音乐的性格特点。在教学工具的使用中，此课尤其注意了没有涉及过多的视频（视频在一定程度上会分散听觉的注意力），而是专注于引导学生用耳聆听，用心感受。分析音乐的同时，涉及文化和世界观的探讨，有一定深度。作为高中音乐课，还可给予学生更多主导权，引导学生自主探讨与学习。

　　（该课荣获深圳市第七届中小学音乐优质课评比中学组一等奖）

《独特的民族风》

深圳市龙岗区横岗高级中学　刘义堂

【使用教材】

普通高中课程标准实验教科书·音乐鉴赏（人民音乐出版社）第二单元。

【教学对象】

高一年级学生。

【课时安排】

1课时。

【教学理念】

以音乐审美为核心，把音乐教学作为一个审美感知和审美发现的过程。基础音乐教学作为美育的重要途径，其特质就是情感审美。情与美的这种不解之缘，决定了基础音乐教育的根本方式：以情感人，以美育人。

【教学目标】

1. 通过对三个民族音乐的学习，启发学生懂得民歌与人们的生活地域、生活方式等因素的密切关系。

2. 认识长调、囊玛、爱情歌曲等民歌体裁，引导学生感受蒙古族、藏族、维吾尔族民歌的风格。

3. 运用视、听、体验、比较法辨别这三个民族的音乐特点。

【教学分析】

《独特的民族风》是高中《音乐鉴赏》第二单元第三节的教学内容，包括了以《辽阔的草原》为代表的蒙古族"长调歌曲"、以《宗巴郎松》为代表的藏族"囊玛"、以《牡丹汗》为代表的"爱情歌曲"。高中学生已具备了相当的音乐经验，积累了相关的音乐文化知识，但是对少数民族的音乐了解较少。本节课通过对少数民族民歌和舞蹈的学习，采取聆听、模唱、模仿等课堂实践活动，引导学生去感受、体验、认识、理解其音乐风格，在梳理、归纳少数民族音乐要素的基础上分析和探究民族音乐文化形成的原因。

【教学重、难点】

重点：感受、体验蒙古族、藏族、维吾尔族的音乐风格。

难点：启发学生懂得民歌与人们的生活地域、生活方式等因素的密切关系。

【教学准备】

多媒体教学平台、舞蹈道具。

【教学过程】

（一）课堂导入

老师现场展示三段不同民族的舞蹈，让学生讨论并猜出它们属于哪三个民族，有什么共同特点。

小结：属于蒙古族、藏族、维吾尔族。它们都是能歌善舞的少数民族，但由于生活环境和地域的不同，形成了各自独特的民族风格。

设计意图：教师亲自示范，可以激发学生的探究兴趣。

（二）新课教授

1. 蒙古族音乐

（1）蒙古族民歌——长调/短调

①蒙古族民歌——长调

聆听《辽阔的草原》引子部分。

学生思考并发言：长调的特点，以及形成长调特点的原因。

（音乐要素以及历史、环境。）

小结：长调的特点是节奏自由，旋律悠长，字少腔多，富有浓郁的草原气息。长调是由北方草原游牧民族在畜牧业生产劳动中创造的，在野外放牧和传统节庆时演唱的一种民歌，一般为上、下各两句歌词，演唱者根据生活积累和对自然的感悟来发挥，演唱的节律各不相同。

②蒙古族民歌——短调

聆听《嘎达梅林》，学生思考短调的特点并发言。

小结：它含有叙述性，歌词规整，结构也非常规整，是一首短调，又称短歌。

③蒙古族民歌——长调与短调的对比

学生根据长调与短调的特点来欣赏这首歌曲，并判断它是属于长调还是短调。

小结：前面引子部分是长调，后面是短调，其实长调、短调是原始民歌的一种分类分式，现在的这首歌曲是结合了二者的创作歌曲。

④蒙古族民歌旋律的特点

根据三首蒙古族歌曲归纳蒙古族歌曲的旋律特点，学生讨论并总结其异同。

小结：蒙古族民歌旋律绵长、起伏很大，演唱喜欢用滑腔，结束音用得最多的是A音；以A音为主的羽调式和滑腔，是蒙古族歌曲的一个很大的特点。

设计意图：通过聆听蒙古族长调与短调，让学生比较长调与短调的不同特点，引导学生探究形成长调与短调特点的原因。

（2）蒙古族乐器——马头琴

聆听音乐《母亲》，思考马头琴的音色、情绪及马头琴的由来，学生讨论并发言。

小结：马头琴的音乐里面出现较多滑音，音乐悠扬。马头琴有着一个传奇凄美的故事。

设计意图：通过对马头琴的认识，让学生了解民族乐器。

（3）蒙古族特色发声技巧——呼麦

欣赏呼麦的片段，思考它的发声技巧，学生讨论并发言。

小结：呼麦是一种特别的演唱方法，它的特点是一个人可以唱出两个声部，这种方法非常罕见，在世界上独一无二。

设计意图：了解蒙古族音乐的特色，感受民族音乐的独特魅力。

2. 藏族音乐

（1）藏族的歌舞音乐

聆听歌曲《宗巴朗松》，思考歌舞音乐的旋律和调性特点，学生讨论并发言。

小结：歌舞音乐的特点是边歌唱边舞蹈，歌曲《宗巴朗松》是歌舞音乐囊玛音调。囊玛音调因为在囊玛岗演出而得名。

设计意图：感受藏族歌舞音乐，了解歌舞音乐的特点以及由来。

（2）藏族舞蹈

①教师跳藏族舞蹈片段，请学生认真观察并思考藏族舞蹈的情绪特征。

②学生模仿藏族舞蹈动作，并讨论发言（学习三步堆谐和七步堆谐）。

小结：藏族舞蹈就是用抒情的弦子来表达心中的感情，用堆谐来表现心中的豪迈与激情，堆谐其实就是踢踏。

设计意图：通过教师的示范以及学生的模仿，引导学生探究民族舞蹈。

（3）藏族创作歌曲

聆听歌曲《青藏高原》片段，思考藏族民歌特点形成的原因，学生讨论并发言。

小结：藏族民歌的特点是高亢嘹亮，由于藏族人民生活在空旷的高原，放歌高唱已经成为了他们的习惯。每一个民族的艺术都脱离不了他们生活成长的地域环境。

设计意图：通过聆听藏族民歌，让学生感受藏族民歌高亢嘹亮的特点，从而引导学生探究民歌与地域环境的关系。

3. 维吾尔族音乐

（1）维吾尔族舞蹈

① 艺术都来源于实践，舞蹈动作也是从实践中采风而来的。当小伙给美丽又含蓄的新疆姑娘送花时，她们想接住花却又害羞的状态，如何用舞蹈动作表现呢？

②学生讨论并发言。

③教师示范动作，学生分组模仿动作。

设计意图：通过对舞蹈动作的模仿，激发学生探究民族舞蹈形成原因的兴趣。

（2）维吾尔族音乐的特点

欣赏《牡丹汗》片段，思考爱情歌曲的特点，学生讨论并发言。

小结：《牡丹汗》是一首爱情歌曲，其旋律明朗、奔放，感情充沛，具有浓郁的维吾尔族民歌的特色。在维吾尔族民歌中，爱情歌曲、劳动歌曲、历史歌曲和习俗歌曲是其代表性题材。

（3）木卡姆

欣赏维吾尔族木卡姆视频，思考维吾尔族音乐的形成特点，学生讨论并发言。

小结：木卡姆结合了歌、舞、乐，是一种综合的艺术。维吾尔木卡姆也叫十二木卡姆，新疆除了它以外还有刀郎木卡姆和哈密木卡姆。

（三）知识拓展

1. 分组讨论蒙古族、藏族、维吾尔族等民歌的不同特点。

2. 用语言、歌唱、舞蹈、表演等多种形式分组展示蒙古族、藏族、维吾尔族的音乐风格。

（四）课堂小结

本节课主要学习了长调与短调歌曲、囊玛音调以及维吾尔族的爱情歌曲，通过聆听、模唱、模仿等音乐实践活动，我们了解了几种不同的音乐风格，对民族音乐文化的产生原因和发展历史有了新的认识，希望我们今后能有机会进一步深入探究。

【教学后记】

《独特的民族风》中包含了三个不同风格特点的音乐，但是它们又有共同的地域特征，为了更好地区分它们，我采取了体验式教学实践活动，让学生从聆听和模唱中感受其独特的音乐风格特点，通过对民族舞蹈动作的模仿来探究不同民族的音乐文化特征。

我有意识地让学生从生活环境、地域、历史等因素找出每个民族音乐文化的形成原因。学生纷纷讨论，并从内蒙古的草原环境、马背上的游牧民族等找到了蒙古族音乐文化的特征；从西藏的高原环境特点中找到了藏族高亢嘹亮的音乐风格；从维吾尔族的历史、语言方面发现维吾尔族音乐融合了中原音乐、印度音乐、波斯—阿拉伯音乐的元素，形成了独特风格的维吾尔族音乐文化。但是由于一节课的时间有限，内容繁多，对于音乐文化形成原因的深入性还做得不够。

【课例点评】

1. 优点

这节课目标明确，内容讲解完整，课题气氛良好，基本达到预期目标。主要表现在以下方面：

（1）教学目标明确，思路清晰。在新课的教学中，通过聆听旋律、模仿舞蹈动作等形式让学生感受并体验到了蒙古族、藏族、维吾尔族独特的民族音乐风格。

（2）重难点突出，深入浅出地体验民族文化的起源。引导学生通过各民族的地域特征、历史文化、生活习俗等方面的学习，了解了各民族独特音乐风格形成的原因。

（3）教学互动环节设计巧妙，课堂氛围较好。通过哼唱民歌旋律、模仿民族舞蹈动作，让学生感受不一样的独特民族文化。

2. 不足

从社会人类学的角度还可以做更深的挖掘，透过各民族的音乐了解音乐形成的文化背景，引发学生对民族音乐的探索和求知欲。

（此课例曾参与深圳市龙岗区中学音乐教学公开课展示）

《绛州鼓乐——〈滚核桃〉》

深圳市平冈中学　关 琳

【使用教材】

普通高中课程标准实验教科书·音乐鉴赏（人民音乐出版社）第三单元。

【教学对象】

高一年级学生。

【课时安排】

1课时。

【教学理念】

音乐来源于生活，贴近生活。在音乐教学的过程中，应根据学生的实际认知，以审美为核心进行互动式教学，让每个学生在课堂上都能参与体验、主动探索、积极实践，培养学生的创造能力与合作能力，带动学生一同感受民间打击乐的独特魅力。教学内容以鼓乐《滚核桃》为教学重点，教学过程中以学生聆听音乐为主，教师讲解为辅，引导学生以分段及完整欣赏的方式尽可能多地去聆听与熟悉作品。并通过讨论、对比、创编、实践体验等形式，让学生充分发挥学习主动性，感悟音乐要素在音乐表现中的作用，帮助学生通过感知、体验、实践等教学活动来实现学习目标，进一步培养和提高学生的音乐鉴赏能力。

【教学目标】

1. 学生能在"听、看、演"等实践活动中，体验和感受《滚核桃》的结构特点，以及节奏和音乐要素在音乐情绪表现中的作用。

2. 学生能够结合已有的生活经验与学习经验，了解鼓的历史文化和鼓在生活中的作用与联系。了解部分民间打击乐的演奏形式，能够通过创编活动让学生感受打击乐合奏的独特魅力。

3. 学生能够体会音乐与生活的联系，认识艺术创作源于生活、高于生活的道理。使生活经验在音乐课堂中得到强化和提升，并且更加珍惜自己现有的生活。

【教学分析】

1. 本节课的教学内容出自人音版的《音乐鉴赏》中的第三单元第六节"鼓乐铿锵"。教学中以绛州鼓乐《滚核桃》为教学重点，使学生在感受乐曲的音乐情绪以及音乐内容的基础上，了解"鼓乐"的基础知识。

2.《滚核桃》共由头、身、尾三部分组成。"头"为散板，带有引子的性质。主体部分为"身"，它有明确的节拍、多变的音色和丰富的演奏技法，表现了抒发喜悦之情的景象。乐曲的"尾"部特点是散板，其节奏逐渐松弛下来，表现轻松愉快的生活景象。

3. 根据高一年级学生的知识积累，引导学生在聆听与实践活动的基础上，理解音乐作品的内容及社会功能，思考音乐源于生活并高于生活的道理，提高学生的鉴赏能力。

【教学重难点】

重点：分段赏析《滚核桃》，引导学生体验其结构特点以及音乐要素在音乐情绪表现中的作用。

难点：了解鼓乐的历史文化以及鼓在生活中的作用，进行简单的打击乐创编活动，引导学生思考音乐创作源于生活并高于生活的道理。

【教学准备】

多媒体课件和相关声像资料、电脑、打击乐器（鼓、钹、锣等）。

【教学过程】

（一）课堂导入

1. 营造氛围

活动：课前播放北京奥运会鼓乐表演的片段。

设计意图：欣赏片段，让学生感受中国鼓乐的震撼，引发学生对鼓乐的兴趣。

2. 情境导入

活动：展示图片，尝试用鼓来模仿核桃相互碰撞发出的声音。

（1）让学生了解鼓的构造和不同位置所发出的音色。

（2）用鼓模仿核桃滚动摩擦的声响。

设计意图：用核桃调动学生的兴趣，用听声响的方式将核桃与鼓相结合，为接下来的欣赏奠定基础。

（二）新课教授

1.《滚核桃》作品简介

简介：《滚核桃》是一首山西的绛州鼓乐作品，它运用了鼓的不同位置的音色，以及多变的演奏技法，给我们带来了一场精彩的鼓乐表演。

2. 观看完整版《滚核桃》视频

活动：观看全曲视频，学生以小组讨论的方式发散思维，想象一下乐曲描绘了怎样的场景。

思考：乐曲根据变化可分为几大部分？

（"头、身、尾"。）

想象乐曲描绘了怎样的场景？

（例：热闹、丰收喜悦等。）

设计意图：初步感受音乐情绪，引出乐曲描绘农民晾晒核桃的劳动场景，掌握乐曲结构，为分段欣赏做铺垫。

3. 分段欣赏《滚核桃》

（1）"头"部：引子

谱例：

《滚核桃》"头"部片段

活动：聆听"头"部片段，思考并分析其音乐要素，感受音乐情绪。

思考："头"部乐曲运用了哪些演奏方式？

（齐奏、轮奏。）

"头"部乐曲中哪两个音乐要素发生了变化？

（力度、速度。）

这样的演奏方式和音乐要素的变化起到什么作用？描绘了怎样的场景？

（引子作用；核桃掉落滚动摩擦、晾晒核桃的场景等。）

小结："头"部片段运用了齐奏、轮奏的演奏方式，并且在乐曲的力度、速度上发生了变化，为我们展现了农民晾晒核桃、核桃掉落滚动的场景，有引子的作用。

设计意图：发挥学生的想象，引导学生感受音乐要素在音乐情绪表现中的作用。

（2）"身"部：抒发喜悦之情

谱例：

《滚核桃》"身"部片段

① 简介锣鼓谱

思考：此谱例与我们平常所接触的谱例有什么不同之处？

（例：节奏带有文字等。）

简介：锣鼓谱是中国民间打击乐和戏曲锣鼓音乐的念唱口诀，它的基本音响效果可通过嘴念出来，便于记忆、流传和教学，是一种比较方便的打击乐合奏缩谱。

② 体验与感受

活动1：学生尝试念出节奏，学生用拍手方式感受。

活动2：教师用鼓演奏"身"部片段，学生以课桌为鼓，笔为鼓槌，尝试模仿节奏和教师敲击鼓的位置，感受其典型的节奏和强弱变化。

③ 聆听并思考

活动：聆听"身"部片段，感受音乐情绪，分析其节奏、力度、速度的特点。

思考：这个片段主要表现了怎样的气氛？

（例：愉快的劳动画面、丰收的喜悦等。）

展现了节奏、力度、速度的哪些特点和变化？

（典型的节奏型不断重复并渐快渐强。）

小结："身"部片段通过典型的节奏型不断重复并渐快渐强，展现了热火朝天的劳动画面，表达了农民丰收的喜悦之情。

设计意图："身"是乐曲的主体部分，通过音乐要素中节奏的变化引导学生想象乐曲表现的场景。

（3）"尾"部：结尾

谱例：

散板　　　　快起渐慢

Ẍ — — Ⅹ〟Ⅹ〟Ⅹ〟Ⅹ〟Ⅹ〟Ⅹ〟Ⅹ〟Ⅹ〟Ⅹ〟Ⅹ〟Ⅹ〟Ⅹ〟

《滚核桃》"尾"部片段

活动：聆听"尾"部片段，与"头"部片段进行分析对比。

思考：尾部与前面哪个部分相似？有什么特点？

（头部，散板。）

与"头"部片段有哪些相似之处和不同之处？

（速度、力度的变化。）

小结："头"是慢起渐快，有引子的作用。"尾"是快起渐慢，逐渐松弛下来，表现农民庆祝丰收后，人们渐渐散去的场景。

设计意图：通过对比，引导学生感受头尾部分的散板特点。

4.创编律动《滚核桃》

活动：学生尝试创编《滚核桃》（例如拍手、跺脚等身体部位发出的声响）。

头部：节奏自由，不断渐强渐快。

身部：典型节奏不断反复并渐强。

尾部：快起渐慢并渐弱。

5.《滚核桃》归纳总结与思考

思考：绛州鼓乐是山西当地最具代表性的民间文化之一，是国家级非物质文化遗产。而《滚核桃》是绛州鼓乐的经典代表作之一，根据此作品，谈谈你的看法。

学生分组讨论：

小组1：《滚核桃》的创作灵感来源于生活，生活给音乐提供了丰富的素材。

小组2：《滚核桃》用音乐描绘了老百姓热闹、愉快、悠闲的劳动生活场景，也深刻地表达了美好生活的来之不易，我们要更加珍惜现在的生活。

设计意图：在音乐教学中引导学生联系生活实际，在一定程度上让音乐生活化，让学生更容易理解音乐、掌握音乐。同时使生活经验在音乐课堂中得到强化和提升，使学生更加热爱自己的生活。

6.绛州鼓乐

（1）鼓的历史及作用（展示相关图片）

活动：小组讨论。

①鼓最早是由什么演变而来的，由什么材质做成？

（例：生活用具、陶土等。）

②鼓最初有哪些作用？跟当时的历史背景有什么联系？

（例：祭祀、战场等。）

③有哪些与鼓有关的成语？表达了什么含义？

（例：重整旗鼓、欢欣鼓舞、鼓乐齐鸣等；振奋精神、喜庆热闹。）

④现在的日常生活中，鼓经常出现在哪些场合？

（例：乐队表演、赛龙舟、婚丧嫁娶、喜庆节日的表演等。）

小结：鼓是最为人们喜爱和广泛应用的乐器之一。随着社会的发展，鼓的应用范围更加广泛，在我们的日常生活中，经常能看到鼓的存在，它越来越贴近我们的生活，与生活紧密联系。

设计意图：启发学生自主探究、了解鼓的历史文化，以及鼓在生活中的作用与联系。

（2）简介山西绛州鼓乐

活动：观看山西当地鼓乐片段，感受其风俗文化，体会音乐与生活的联系。

简介：山西是鼓的发源地之一，也是我国鼓乐品种繁多、艺术水平发展较高的地区之一。绛州鼓乐演奏技术丰富，风格独特，是山西鼓乐演奏的代表鼓种。它产生于历史文化名城新绛县。新绛县有着演奏鼓乐的传统，鼓乐是民间文艺活动的主要内容，是当地活动中最流行的节目之一。

设计意图：观看视频，欣赏当地最淳朴的绛州鼓乐表演，感受其风俗文化，引导学生进一步体会音乐与生活的紧密联系。

（三）知识拓展

活动：分别观看《老鼠娶亲》《老虎磨牙》《鸭子拌嘴》三段视频片段，了解视频中打击乐器的音色及演奏方法，结合生活进行创作。

思考：片段中出现了哪些乐器？它们是如何演奏的？分别描绘了什么动物

形象？

（学生分小组讨论并得出结论：鼓、钹、锣等；老鼠、猫、老虎、鸭子。）

创编：学生利用现场提供的打击乐器，以及身边可以发出声响的物品，结合生活经验充分发挥想象，用乐器和物品的音色模仿动物形象，创编一个"动物狂欢节"的打击乐合奏。

1. 学生分组进行创编。

2. 以组为单位上台表演，最后选出最佳表演创意组。

设计意图：引导学生用打击乐器进行创编，主动参与体验和探索，培养学生的创造能力与合作能力，感受打击乐与生活的结合。

（四）课堂小结

请学生分组讨论，谈谈这节课的收获与感受。

例1：通过这节课的学习，我们体会到音乐与生活是紧密联系的。并且发现，创作其实不难，我们自己也能尝试创作，感受其中的乐趣。

例2：过去我们对鼓乐作品的印象，仅仅是敲敲打打。通过这节课的学习，我们学会了如何用音乐要素去欣赏和分析乐曲的结构和情绪，并了解到音乐的创作与生活是紧密联系的，今后我们也可以试着将生活中的故事创作到音乐当中。

总结：今天我们学习了鼓乐作品《滚核桃》，赏析了多变的音色和丰富的演奏技法，感受到了不一样的鼓乐合奏。鼓乐，"鼓舞"士气，"鼓励"上进，它不仅是一种音乐，更代表了一种文化，一种象征。这些创作的灵感都来源于我们的生活，希望大家在平时生活中多多发现音乐，一起感受音乐的魅力。

【教学后记】

对于绛州鼓乐《滚核桃》这堂课的内容，高一年级的学生平时了解得比较少，因此这节课对他们来说有一定的难度。为了不让课堂显得枯燥无味，课堂上我运用了"听、看、演"的方式体验和感受《滚核桃》，调动学生的积极性，深刻把握其内涵。首先，我用实物的核桃吸引学生的注意力，让全班同学都参与其中，调动学生的兴趣，为接下来的欣赏做铺垫。完整观看《滚核桃》视频，大多同学被精彩的表演所吸引，视觉上的体验让学生初步感受音乐情绪。将《滚核桃》进行分段欣赏，从乐曲的节奏、力度、速度、音色入手，做到多聆听，多引导，少讲解，要精讲，引导学生体会音乐要素在音乐情绪表现中的作用，主动地去探究和思考音乐与生活的联系，在一定程度上让音乐生活化，让学生更容易理解音乐、掌握音乐。在《滚核桃》创编的互动环节，充分调动全班同学，一同感悟音乐。为了加深学生对鼓乐的印象，引导学生了解和探索鼓的历史文化以及生活作用，再次将音乐与生活相结合，体现了音乐在生活中的重要性。课堂中不应局限于乐曲，应当从生活中的音乐入手，让学生更深刻地体验鼓乐的魅力。因此，在拓展活动中，我设计了一个创编活动，学生可将身边的一切物品变成打击乐器，创编一个有故事情节的打击乐合奏。这样的活动既开发了学生的创造力，又加强了学生间的合作，在表演中增强了学生的自信心。当然，在教学过程中还有许多做得不完善的地方，例如教学内容过多、课堂时间有限、学生参与活动的时间还不充足、思考问题的深度还有待提高等。今后，我将重新整合教学设计，合理安排课堂活动，切实提高学生的音乐鉴赏能力。

【课例点评】

在本节课教学内容的准备过程中，教师以鼓乐《滚核桃》为重点进行教学指导，在现有内容的基础上进行了适当的增删和整合工作，从而使得教学内容逐层递进、丰富合理。教学过程环环相扣、过渡自然，教学目标清晰明了，教师具有良好的专业素养。

教师在教学设计中，首先让学生感受中国鼓那动人心魄的震撼，激发学生的学习愿望。并充分利用学生的想象力和创造力，设计富有启发性的问题，利用课堂上提供的鼓，让学生近距离观察和探究鼓的材料，自己寻找鼓的位置来模拟核桃的声音，学生零距离接触鼓并亲身体验击打，在实践中使学生加深对鼓的体验和认识，提高学生对鼓的感受力和创造力。

教学过程中教师运用了"听、看、演"的方式让学生体验和感受《滚核桃》，引导学生体会音乐要素在音乐情绪表现中的作用，主动地去探究和思考音乐与生活的联系，在一定程度上将音乐生活化，让学生更容易理解音乐、掌握音乐。启发学生已有的生活经验，了解鼓的历史文化，以及鼓在生活中的作用与联系。通过创编活动，让学生发挥创造力和合作力，用打击乐模拟出生活中的动物，引导学生体会音乐源于生活的道理，深化了教学内容，使知识得到了更深层次的探究。

（此教案曾参加深圳市龙岗区中学音乐公开课展示）

《京剧大师梅兰芳》

华中师范大学龙岗附属中学　陈　娟

【使用教材】

普通高中课程标准实验教科书·音乐鉴赏（人民音乐出版社）第四单元。

【教学对象】

高一年级学生。

【课时安排】

1课时。

【教学理念】

依据新课标"弘扬民族音乐，理解音乐文化多样性"这一基本理念，教材编排的意图是让学生进一步了解我国丰富悠久的传统音乐文化。

兴趣是学生学习的内驱力，有了兴趣，学生才能够更好、更专注地投入到音乐学习中。为了调动学生的学习兴趣，我是这样"激趣"的：把握好音乐主线，让学生跟着感觉走，始终保持对音乐课的浓厚兴趣。适当的师生互动，把理性的音乐欣赏和音乐活动的"趣味"结合起来，突出师生在共同的活动中感受和提高教学的新理念。将京剧唱段通过幽默有趣的方式进行教唱，让学唱变得有趣起来。调动学生积极性，为他们提供自主参与学习、活动的平台，以提高教学效果。

在初中时，学生已经学习过京剧的基本知识，高中教材中本单元主要精讲京剧大师梅兰芳的梅派唱腔。高中生有着强烈的好奇心、旺盛的求知欲、活跃的思维和一定的分析判断能力，渴望独立学习和思考，因此课堂上适宜多以引导为主，鼓励他们用自己的方式来参与学习、感受音乐，共同探讨梅派唱腔特点和梅派京剧艺术，从而深入了解京剧大师梅兰芳。

【教学目标】

1. 能够让学生喜欢京剧并对梅派京剧艺术风格的形成产生探究欲望。

2. 学生能够基本了解梅兰芳的唱腔及表演特点，并简单哼唱《看大王在帐中和衣睡稳》片段。

3.学生能够探讨京剧流派形成的原因并区分梅派与其他派别风格的差异。

【教学分析】

1.京剧，被视为中国国粹，位列中国戏曲三鼎甲"榜首"。梅兰芳是京剧中四大名旦之首，他开创了京剧旦行"梅派"艺术，为京剧艺术的发展做出了巨大的贡献。我们要学习了解的不单单是梅兰芳先生在艺术上的造诣，还要了解他表现出来的高尚的民族气节和人格情操。

2.本单元内容旨在激发、培养学生对京剧艺术的兴趣与爱好，引导学生感受、体验京剧的艺术表现力，由一代京剧大师梅兰芳先生来引领我们走进京剧世界，学生可以更深刻地领悟到经典的传统艺术和大师高尚的品德气节，从而打动学生内心情感世界，更投入地参与音乐课堂。

3.教材着重京剧欣赏，让学生从欣赏、了解的角度来学习京剧。因此本课将从了解京剧大师梅兰芳到聆听梅派京剧的著名唱段来感受梅派艺术特点，从聆听主要的京剧旦角代表人物和流派到归纳各流派特点这样的学习方式来充分调动学生的积极性和探究欲望。

【教学重难点】

重点：体验梅派的唱腔，了解其表演风格。

难点：探讨京剧流派形成的原因，区分梅派与其他派别风格的差异。

【教学准备】

课件、钢琴、京剧道具。

【教学过程】

（一）课堂导入

1.创设情境，活跃气氛。

教师演唱京剧《大唐贵妃》的选段《梨花颂》。

提问：刚才老师演唱的戏曲是哪个剧种？

教师简介现代京剧《沙家浜》唱段《智斗》。

设计意图：教师演唱京剧选段《梨花颂》，让学生听辨剧种，营造了学习氛围，活跃了气氛。

2.回顾京剧知识，简介京剧大师梅兰芳。

京剧距今有（200）年的历史。

京剧是由（徽调、汉调、秦腔、昆曲）衍化而成的。

京剧的表演形式有（唱念做打）。京剧的主要声腔有（西皮和二黄）。

京剧的四大行旦是（生旦净丑）。

3.简介旦行之首——梅兰芳的梅派京剧。

（清朝乾隆年间徽班进京，为京剧的产生奠定了基础。之后同治至道光年间，京剧发展达到顶峰。到了民国时期，梅兰芳的表演独具特色，自成一派，打破了之前老生独占鳌头的京剧局面，这便是"梅派"的由来。）

设计意图：复习京剧的相关知识，为接下来的京剧学习做铺垫。

（二）新课教授

1. 聆听梅兰芳演唱的《霸王别姬》的著名唱段《看大王在帐中和衣睡稳》，思考梅派唱腔的音色特点。

师生归纳梅派唱腔的音色特点：音色圆润、明亮。

设计意图：以聆听音乐为主线，通过教师提出的启发性问题，引导学生进行有目的的聆听，对这个唱段形成整体感知。

2. 学唱京剧《看大王在帐中和衣睡稳》中的唱段，在学唱中体会梅派的唱腔美。

（1）教师指导学生用"i"来练习位置集中、靠前的头声，体验音色的明亮。

（2）引导学生打着板眼唱，感受唱段中的强弱。

（3）指导学生把"看"字中声母的"k"唱得夸张一点，注意字头的发音。

（4）听教师范唱第一句，找出尾音的特点。

（尾音下滑，京剧称为"落音"。）

（5）展示出旋律线谱，指导学生用手跟着旋律线唱词，注意"大"字与"和"字的发音。

（6）听教师范唱第一句，数数教师演唱时换气的次数（4次），学生体验唱段中的气口，尝试做到断连清晰。

（7）师生随伴奏揣摩该唱段的特点，打着板眼完整地演唱，试着唱出京剧的韵味。

（8）师生分析并总结梅派的唱腔特点。

分析：梅派唱腔音色明亮、圆润、细腻，讲究字头的发音，行腔断连清晰、尾音下滑。

总结：我们将这样的唱腔叫作南梆子。南梆子属于西皮类的唱腔，这种唱腔细致优美、旋律性强，擅长于表现细腻、欢悦的心情。

设计意图：师生在学唱环节中互动体验，层层递进，逐一解决难点，提高了学生对梅派唱腔的兴趣。

3. 欣赏梅派的另一段经典唱段《贵妃醉酒》，感受它的唱腔特点及表演风格。

师生归纳：唱腔用了四平调，特别美，伴奏与二黄很接近，擅长表现委婉缠绵、哀怨凄凉、激越愤怒的情绪，有着典雅大方、雍容华贵的表演风格。

设计意图：选取更能体现梅派表演风格的唱段，引导学生观察，以自己独特的方式来感受音乐，描述自己的音乐感受。

4. 比较旦角中不同流派的特点及风格。

（1）欣赏程派代表作品《锁麟囊》，比较梅派和程派在唱腔上的不同。

梅派音色明亮、圆润、细腻。

程派音色比较粗，声音比较厚，被誉为京剧里面的美声。

（2）欣赏荀派的经典作品《红娘》，比较梅派和荀派在表演风格上的不同。

梅派相对端庄，没有太多琐碎的动作，是青衣的定位。

荀派动作特别多，表现特别活泼，更多扮演一些清新俏丽的花旦角色。

（3）教师归纳总结：京剧流派众多，单一个旦角就这么多流派，梅派雍容华贵，程派深沉委婉，荀派清新俏丽，尚派刚健洒脱，而在这些流派中，每一个风格都是不一样的。

设计意图：通过旦角各流派名段欣赏，进行风格对比，了解四大名旦流派各自的艺术风格，感受京剧艺术流派的多样纷呈。高中生已经有独立思考和解决问题的能力，通过提问题的形式来引导学生学习也可以很好地吸引学生的注意力，帮助他们更进一步掌握梅派艺术的精髓。

（三）知识拓展

观看梅兰芳的纪录片视频，引导学生从艺术造诣到人物品格多方面了解大师梅兰芳，并请学生谈谈为什么梅兰芳被称为"四大名旦之首"，分享自己观看视频后的感受。

（在抗日战争时期，梅兰芳拒绝为日本人演出，蓄须明志，彰显了他的高风亮节。1935年梅兰芳访苏是京剧第一次走出国门。这次出访让世界认识了京剧这种艺术表演形式，并立即把梅兰芳和苏联的斯坦尼斯拉夫斯基和德国的布莱希特相提并论，以梅兰芳为代表的京剧表演体系被称为世界三大表演体系之一。梅兰芳先生的高尚品德和艺术成就都说明了梅派自成一派，梅兰芳被称为京剧大师的原因。）

设计意图：通过纪录片片段来进一步了解梅兰芳先生，生动而纪实，更能引起学生的情感共鸣。可以激发起学生内心情感，再以情感带动学习兴趣。高一的学生有自己独立的思考能力和想象力，要培养学生用辩证的思维去分析问题、看待问题。

（四）课堂小结

这节课我们欣赏了梅派京剧，体验了梅派京剧演唱，感受了京剧艺术的魅力，探讨了梅派京剧的特点，也进一步了解了一代大师梅兰芳的艺术成就和他高尚的道德情操。京剧艺术的学习我们才刚刚开始，希望同学们在课后继续深入地学习和了解，将国粹发扬光大。

【教学后记】

本堂课的设计主要以听赏、分析梅派唱腔特点和表演风格为教学重点，在学习歌曲环节中，学生通过多次的聆听—感受—分析—表现，学会歌曲。通过京剧教唱、思考探究、风格对比等方式，学生从多个方面体会梅派唱腔和表演风格特点，提高音乐审美能力、表现能力。

在教学过程的学唱环节中，为了更好地揣摩梅派唱腔的特点，我让学生先掌握基本旋律，再展示旋律线谱，通过手势来带动演唱。在能够演唱这段唱腔后，学生会感受到京剧唱腔里的尾音下滑、断连清晰等唱腔特点，并能够揣摩出这段京剧唱腔的韵味，通过自身的感受来进行归纳，这也是把音乐审美和音乐感受有机地渗透在京剧教学中，更能让学生参与到课堂中来。

我通过对比欣赏其他旦角流派作品、合作探讨等多种途径，使学生始终保持着浓厚的学习兴趣。在探究的时候，学生表现出了热情的一面，积极地参与探究活动。在难点解决方面，通过唱腔、表演风格等对比的方法，学生参与其中，自己寻找答案，教师加以归纳和补充，课堂也取得了比较显著的成效。

这节课让我比较遗憾的是教唱京剧最后的表现环节，如果能伴随着原版京剧伴奏一起演唱，更能诠释京剧艺术的魅力，学生也会更深入地感受京剧之美，体验一把京剧表演的乐趣了，也能在课堂上再掀起一个小高潮。

【课例点评】

此课紧紧围绕教学目标，以教师为主导，学生为主体，注重激发学生的兴趣和发展学生的音乐表现能力和探究能力。在教学中，把音乐听觉艺术和视觉的旋律线谱有效结合，利用旋律线谱画手势带动音乐演唱，给学生提供了一个音乐视觉化的空间，从而帮助学生更好地感受音乐、表现音乐。丰富多样的师生互动，把音乐基础知识和基本技能的学习有机地渗透在音乐艺术的审美体验之中，表现了师生在共同的活动中感受和提高教学的新理念。音乐所表达的境界与学生产生共鸣，从而激发学生去探究音乐、表现音乐、创造音乐。

（此课例曾获广东省青年教师教学技能大赛说课一等奖）

《划时代的音乐大师——贝多芬》

深圳市龙城高级中学　袁国才

【使用教材】

普通高中课程标准实验教科书·音乐鉴赏（人民音乐出版社）第八单元。

【教学对象】

高一年级学生。

【课时安排】

1课时。

【教学理念】

在高中音乐鉴赏教学中，教会学生欣赏书本里的音乐并不是目的，目的是让学生学会鉴赏音乐的方法，引导学生形成正确的审美意识和审美观念，提升学生的审美品位，为学生将来的工作和生活积累更加丰富的音乐学识和素养。因此，在对《划时代的音乐大师——贝多芬》的教学中，着重引导学生感受音乐的不同主题，从不同音乐主题的表现方法中去探寻作曲家所处的时代背景，从而使学生获得不同的情感体验。

【教学目标】

1. 欣赏贝多芬《第九（合唱）交响曲》片段，从不同的音乐主题中感受音乐情绪，并引导学生运用不同的音乐要素来分析音乐。

2. 初步掌握"奏鸣曲""奏鸣曲式""交响曲"等音乐体裁的特点。

3. 学生能辨别"古典主义"风格的音乐。

【教学分析】

1. 教材中主要介绍了贝多芬的奏鸣曲代表作《第二十三（热情）钢琴奏鸣曲》，以及交响乐代表作《第九（合唱）交响曲》，由于时间的关系，只能重点选取《第九（合唱）交响曲》的第四乐章作为主要聆听和赏析的部分。并以此为中心，引导学生认识和分辨奏鸣曲、奏鸣曲式、交响曲的概念和特点。

2. 贝多芬的《第九（合唱）交响曲》在他的全部作品中占有特别突出的地

位，这是他在交响乐领域中伟大成就的总结，它集中体现了贝多芬创作的思想境界、革命热情和艺术理想。在创作手法上，贝多芬开拓了动机性展开的结构原则，和声充满活力，节奏空前活跃，旋律的表现力极其丰富，增强了管弦乐曲的交响性和戏剧性。因此，教师在上课之前，需要提前针对高中生的知识结构特点，布置好预习任务，引导学生主动搜集有关贝多芬的各种资料，让学生提前感受、体验贝多芬的音乐，充分挖掘学生的情感世界，逐步提高学生的审美判断能力。

【教学重难点】

重点：聆听音乐，感受、体验音乐的情绪及风格，理解音乐内容。

难点：认识古典主义的音乐特征，分辨不同乐章的音乐主题。

【教学准备】

多媒体教学平台、钢琴。

【教学过程】

（一）课堂导入

1. 营造气氛

（1）全班同唱《欢乐颂》，请一位同学现场伴奏。

（2）了解曲名《欢乐颂》及作者贝多芬。

2. 了解歌曲的情绪特点

（1）庄严的、激昂的。

（2）神圣，有激情，像教堂音乐。

设计意图：通过学生熟悉的歌曲旋律引起学生的共鸣，进而引发探究的欲望。

（二）新课教授

1. 引出课题

请同学根据课前预习，介绍贝多芬的生平：

贝多芬（1770—1827），德国作曲家，5岁随父学钢琴，8岁开始登台演出，10岁开始作曲，先后向作曲家莫扎特、海顿等人学习。晚年失聪，但仍然坚持创作了著名的《第九（合唱）交响曲》《庄严弥撒曲》等作品，在音乐史上成为里程碑式的人物。

贝多芬成长于资产阶级大革命时期，他的音乐创作反映了资产阶级反抗封建、争取民主的革命热情，表现了贝多芬毕生竭力追求的"自由、平等、博爱"的理想。正是因为贝多芬在那个特殊的年代里所取得的辉煌成就，所以后人称他为"乐圣",是"集古典之大成,开浪漫之先河"的音乐伟人。

设计意图:课前要求学生自主搜集资料,并用精练的语言进行介绍,以此锻炼学生的自主学习能力。

2. 欣赏全曲

欣赏贝多芬《第九(合唱)交响曲》第四乐章,思考:

(1)音乐的速度、力度有何特点?

有很快速、很急促的速度,也有缓慢轻柔的速度。速度快的时候力度就强劲有力,速度慢的时候力度就很轻柔。

(2)音乐是怎样发展变化的?

音乐的开始有引子,有合奏,有变奏,最后还有合唱。

设计意图:通过欣赏乐曲,引导学生体验旋律的发展,感受音乐的情绪。

3. 聆听音乐,辨析主题

分段赏析,并为不同的音乐主题写上标题。

(1)第一个主题赏析

这个主题旋律主要是用什么乐器演奏的?音乐的速度和情绪如何?

小结:主要用打击乐器演奏;速度很快很急促,情绪很紧张;像暴风雨一样,有电闪雷鸣的感觉。

标题:恐怖的号角、暴风雨来临。

(2)第二个主题赏析

比较这一主题与刚才的"恐怖的号角"有什么不同。

小结:这个旋律的音高突然变低了,速度变慢了,情绪也不一样了;反复用大提琴演奏,好像是在申诉。

标题:申诉者、质疑的声音。

这个音乐主题好像反复在出现,不断有新的声音出来,但很快又被它否决,它在寻找什么呢?

小结:像是在黑暗中寻找光明。

(3)第三个主题赏析

比较这一主题与前面主题的风格区别。

小结:这个主题的音色更明亮,节奏更舒缓;好像有点欢乐颂的旋律感觉,可是当它出现的时候也被质疑者否决了。

标题:欢乐的雏形。

（4）第四个主题赏析

《欢乐颂》主题，以变奏的方式从弦乐器转到管乐器，逐渐增强音响，直至整个乐队的全奏，形成强有力的声势。直到男中音独唱的宣叙调，逐渐汇聚成欢乐的合唱。这个主题的出现坚定了贝多芬的方向，他要寻找的光明就在前方，"自由、平等、博爱"的精神汇聚成欢乐的颂歌。

全体同学哼唱《欢乐颂》主题：

<blockquote>
欢乐女神圣洁美丽

灿烂光芒照大地

……
</blockquote>

标题：胜利大团结、欢乐颂。

设计意图：根据音乐主题的发展脉络、不同音乐要素的变化，引导学生充分发挥想象力，为音乐创作标题。

4. 欣赏学生课前准备的相关音乐片段，并尝试总结

讲解奏鸣曲、奏鸣曲式和交响乐的概念和关系。

（1）奏鸣曲：奏鸣曲是一种多乐章的器乐套曲，也称作"奏鸣曲套曲"。通常由3—4个互相形成对比的乐章构成。其各乐章的基本特点和曲式结构如下：

第一乐章：快板，用奏鸣曲式。

第二乐章：慢板，用变奏曲式、复三部曲式或自由的奏鸣曲式。

第三乐章：小步舞曲或谐谑曲，用复三部曲式。

第四乐章：快板或急板，用奏鸣曲式或回旋曲式。

（2）奏鸣曲式：奏鸣曲式是乐曲的一种结构形式，通常是指维也纳古典主义音乐严格程式的奏鸣曲式。

结构为：引子—呈示部—展开部—再现部—尾声。

（3）交响曲：交响曲是以管弦乐队来演奏的大型套曲。实质上是一部由管弦乐队演奏的奏鸣曲，但其表现力要比奏鸣曲更宏大、更丰富、更深刻、更高级。

典型的古典交响曲包括四个乐章：

第一乐章：快板，奏鸣曲式。

第二乐章：稍慢或慢板，具有抒情风格，用省略的奏鸣曲式、复三部曲式或变奏曲式。

第三乐章：快板或稍快，小步舞曲或谐谑曲，用复三部曲式。

第四乐章：终曲，快板或急板，用奏鸣曲式、回旋曲式、回旋奏鸣曲式或变奏曲式。

设计意图：结合以上的欣赏，让学生课前准备资料，自行总结。

5. 小组讨论，并请学生代表发言

（1）通过欣赏贝多芬的音乐，谈谈你对"古典主义"音乐风格的认识。

探讨并总结：欧洲启蒙运动以来，贝多芬在社会进步思潮的影响下，思想上产生了具有挣脱封建贵族束缚的倾向。在创作上确立了主调音乐风格的主导地位，奠定了古典类型的奏鸣曲式、交响乐、室内乐和歌剧的规范。他的创作以崇尚理性、逻辑严密、内容充实、形式严谨、含义深刻、语言通俗为特征，构成了古典主义的音乐风格。

（2）为什么说贝多芬是"集古典之大成，开浪漫之先河"？

探讨并总结：贝多芬创造性地发展了古典主义音乐，将深邃的思想和热烈的激情赋予古典主义音乐的形态，这使贝多芬不但成为古典主义音乐的最后高峰，也成为浪漫主义音乐的先行者。

设计意图：比较和讨论，使学生进一步理解贝多芬的历史地位。

6. 再次感受

集体演唱《欢乐颂》，再次感受贝多芬音乐的无穷魅力。

（三）知识拓展

收集海顿、莫扎特的音乐作品，与贝多芬的音乐风格进行比较，并填写表格。

古典乐派三位作曲家风格对比表

作曲家	风　格
海顿	富有明朗、欢快的情绪
莫扎特	精致典雅的音乐风格
贝多芬	深刻的社会冲突内容，英雄般的斗争意志和热情

（四）课堂小结

总结：贝多芬在他坎坷的一生中创作了大量经典作品，这部《第九（合唱）交响曲》是其巅峰之作，亦是对他整个音乐生涯的高度总结，为世人传递了最英勇不屈的一股力量。贝多芬的一生深受疾病、贫困和情感的折磨，然而他始终对音乐保持着激情，并用他创作的音符不断地与命运抗争，用顽强的毅力和不屈的精神战胜命运。他在晚年失聪、疾病缠身的情况下仍然创作出大量伟大的作品，正如他的交响曲《命运》一样，用音乐高呼："我要扼住命运的喉咙，它决不能使我屈服。"希望同学们也能从贝多芬的音乐中感受到这种力量，不断勉励自己，把握自己的命运，创造美好的生活。

【教学后记】

贝多芬是跨越古典主义与浪漫主义时期的代表性音乐家，集古典之大成，开浪漫之先河。由于贝多芬的作品众多，且不同时期的作品代表了不同风格，因此在一节45分钟的课堂内，如何选取适当的教学内容，在尽量短的时间内，能让学生最大限度地感受贝多芬作品的风格，是我在设计和教学过程中的最大难点。

按照高中生的知识结构和高中教材的编制特点，我选取了《第九（合唱）交响曲》中的合唱部分《欢乐颂》作为教学导入，由此激发学生探究的兴趣。在整个教学过程中，我尽量以引导者的身份提前给学生布置任务，要求学生课前搜集关于贝多芬的生平资料，在课中也以学生为主导，进行分组教学和讨论，引导学生按照不同的音乐要素为线索，从音乐中寻找音乐主题，并进行对比。学生按照他们已有的知识结构对音乐作品的风格进行讨论，不设限制，学生能自由表达意见，并从讨论中总结相关的知识。

当然，仅仅如此是远远不够的，高中阶段的学生对情感尤其敏感，在教学活动中，我尽量要求所有学生都能参与其中，除了欣赏和讨论以外，也让学生亲身去演唱和感受音乐的情绪，通过对不同音乐情绪的表达，去感受和体验作曲家的创作意图。

【课例点评】

该教师以歌唱《欢乐颂》为导入，吸引学生注意力，进而展开对音乐的赏析，从学生相对熟悉的音乐入手，拉进学生与音乐的距离，能快速地使学生对课堂产生兴趣。在对课堂整体的设计上思路清晰，各环节相互衔接，活动设计也比较新颖。作为高中课堂而言，需要重点突出以学生为主体、教师为主导的教学思路，引导学生进行音乐主题的听辨，通过对音乐力度、速度、情绪等音乐要素的对比，让学生感受和演绎不同的音乐情感，这在课堂设计中也得到了较好的体现。同时，以学生分组讨论和演唱主题为主要活动形式，在实践中总结相关的音乐知识，也充分体现了学生在课堂中的主体性。如果在曲式结构的分析、学生编创活动等环节上能让学生有更深入的实践和体验，相信会更好。

（此教案曾获深圳市首届模拟上课比赛一等奖）

《黄河大合唱》

深圳市龙城高级中学　李羽中

【使用教材】

普通高中课程标准实验教科书·音乐鉴赏（人民音乐出版社）第十六单元。

【教学对象】

高一年级学生。

【课时安排】

1课时。

【教学理念】

音乐课的教学不同于常规文化课，它是一种体验式教学，通过创造与经历相似的情境，使学生在亲历过程中自发地产生情感、生成意义。在本课教学过程中，教师以情感体验为原则，结合历史、人文，为学生创设了一个良好的艺术教育情境，激发了学生的爱国热情和对大合唱形式的感知能力，使其积极主动地学习音乐，拥有健康向上的情感体验。

【教学目标】

1. 了解人民音乐家冼星海及《黄河大合唱》的创作背景，初步掌握其音乐形式如何服务于音乐内容。

2. 学生能正确划分个别乐章的曲式结构，体验对唱和轮唱的歌唱表演形式。

3. 挖掘作品的情感深度及社会价值，激发同学们的爱国热情，并将黄河精神延伸到现实生活中。

【教学分析】

1.《黄河大合唱》选自高中《音乐鉴赏》第十六单元第29节，其中的某一曲曾在中小学教材中出现，因此高中生对作品有一定了解，在教学设计上听一段、唱几句、议一议有助于学生对作品的体验、参与、交流、合作探究。

2. 高中人音版教材要求聆听全曲，而完整地欣赏一遍《黄河大合唱》需要二十多分钟，一节课的教学时间导致我们只能有选择、详略得当地安排欣赏内容。例如重点赏析第一乐章，第二、三、四乐章简要介绍。

3. 高中生有一定的理性思维，可以利用历史的、文学的相关知识，以及学生强烈的责任感加强学生对这部爱国音乐作品的理解，从而使欣赏音乐不再停留在音乐要素表面，而是使音乐与他们的心灵直接产生共鸣。

【教学重难点】

重点：通过欣赏和参与各种形式的演唱，挖掘对音乐作品理解的情感深度。

难点：音乐形式如何服务于音乐内容。

【教学准备】

多媒体平台、钢琴。

【教学过程】

（一）课堂导入

1. 情境导入

播放一组历史旧照片，背景音乐播放《黄河大合唱》的第四乐章《黄水谣》第一主题，配合图片营造悲凉氛围。

这组照片反映了20世纪30年代发生在中国的历史事件——1937年日本侵华南京大屠杀。为了抵制日本人的侵略，中国开始了全民族的团结抗战。在音乐领域，人民群众主要是以歌唱的方式来积极抗日。当时全国各大城市纷纷成立了抗日救亡歌咏团体，以歌声宣传抗日救国主张。合唱在群众性爱国音乐运动中发挥着不可替代的作用，《黄河大合唱》就诞生于此时，此曲分为八个乐章，由配乐诗朗诵贯串其间。

设计意图：营造意境，由历史事件引入教学主题。

2. 考查学生预习情况

以小组互问互答的形式展现与主题相关的历史知识，从理论上了解该作品的作者、地位及创作背景。

设计意图：从宏观上认识《黄河大合唱》的历史地位。

（二）新课教授

1. 赏析《黄河大合唱》第一乐章《黄河船夫曲》（混声合唱）

（1）听、唱主题。

① 老师领，学生合，模仿船工号子。

师：向前划呀。

生：嗨哟嗨。

② 将"向前划呀，嗨哟嗨"带入旋律，体验这种一领众合的演唱形式带来的情绪感受。

$$\underline{1\ \dot{2}}\ |\ \underline{1\ \dot{2}\ 6}\ |\ \underline{5\ 6}\ 5\ 0$$

《黄河船夫曲》第一主题

③ 放慢一倍速度，体验旋律的不同情绪。

$$\underline{1\ 1}\ \underline{1\ \dot{2}}\ \underline{1\ \dot{1}}\ 6\ 5\ 0$$

《黄河船夫曲》第二主题

④ 从速度、力度、音色、演奏方式、旋律线走向等方面对比感受以上两段旋律。

小结：速度变慢了，力度减弱了。前面的顿音多，坚定有力，后面的连音多，较舒缓轻柔。后一段结尾有叹气的感觉。

设计意图：体会音乐要素的作用，加深主题印象，为接下来的结构分析环节做准备。

（2）完整欣赏第一乐章，并给乐曲划分段落。

引导学生根据歌词内容、音乐情绪的对比，划分结构：

引子和第一部分描绘了船工们在黄河激流中与狂风巨浪顽强搏斗，经过千辛万苦终于到达胜利的彼岸的动人场面。

第二部分以原有主题核心拉宽节奏，放慢速度，表现人们登上河岸时的欣喜，寓意着在艰难的斗争中看见了胜利的曙光。

第三部分即尾声由强渐弱，由近到远，表示中国人民的斗争仍在艰苦顽强地继续。

小结：这是一首混声合唱曲，混声合唱给我们万众一心、齐心协力、团结一致的感觉。这样的开场白有着恢宏的气势，也预示着革命必然胜利。

设计意图：引导学生通过对音乐的感官认识进行结构的划分。

2.简要介绍《黄河大合唱》第二、三、四乐章

第二乐章《黄河颂》（男声独唱）。

第三乐章《黄河之水天上来》（配乐诗朗诵，三弦伴奏）。

第四乐章《黄水谣》（女声二部合唱）。

设计意图：因整部作品结构庞大，此三个乐章仅做简要介绍，留给学生课后自主学习。

3.《黄河大合唱》第五乐章《河边对口曲》（男声对唱及混声合唱）

（1）赏析全曲

带着问题视听全曲：歌曲描绘了怎样的情景？有哪些特点？运用了哪些伴奏乐器？

小结：歌曲吸取了山西民歌的音调特点，描写了两个遭受敌人逼迫、背井离乡的老百姓在黄河边倾诉自己的遭遇的情景。音调高亢，跳跃性大，听起来有辽阔之感，而且抒情憨直，朴素明快，洋溢着诙谐，体现了山西劳动人民的乐观。歌曲用锣鼓伴奏，具有明显的地域风格。

设计意图：教会学生有目的地欣赏，并把握地域音乐风格。

（2）艺术实践

活动：老师伴奏，组与组之间对唱，体验山西老乡之间的对话。随着歌曲节奏越来越快，逐渐加入全班同学的合唱。

设计意图：调动学生参与音乐鉴赏和音乐表演的积极性，使学生对此乐章的教学内容印象更加深刻。

4.《黄河大合唱》第六乐章《黄河怨》

（1）情境导入

① 播放《南京梦魇》纪录片中的片段，展现日军对沦陷区妇女儿童实施的暴行。

② 聆听一位忍辱偷生的妇女在黄河边的歌声。（播放《黄河怨》演唱视频片段）

设计意图：再现情景，引导学生产生情绪上的共鸣。

（2）讨论与探究

① 歌曲讲述了一个怎样的故事？

（一个遭受日寇蹂躏，失去丈夫、孩子的妇女在黄河边的哭诉。）

②运用了怎样的音调？

（带有哭腔、低沉凄惨、悲痛欲绝的音调。）

③以下标题哪一个更适合本乐章，为什么？

出示以下几个选项：黄河怒、黄河愤、黄河泣、黄河怨……

（以"黄河怨"为题最贴切。"怨"体现了这位妇女无力的哀怨，比其余的更贴切。作品到这里已将进入高潮。）

设计意图： 发挥学生钻研探索的精神，借用文学语言感受音乐内涵。

5.《黄河大合唱》第七《保卫黄河》（轮唱）

（1）"轮唱"形式的体验

播放《保卫黄河》轮唱的片段，让学生谈感受，并给轮唱下定义。

轮唱是由两个或两个以上的声部演唱同一个旋律，但不是同时开始齐唱，而是先后相距一拍或一个小节出现，形成此起彼落、连续不断的模仿效果。

设计意图： 回顾旧知识点轮唱，并加强直观感受。

（2）分析、学唱

①思考：为什么《保卫黄河》中要用轮唱的形式来表现歌曲内容？

（此起彼伏的音乐，如咆哮的黄河水，后浪推前浪，表现出中华民族不可战胜的英勇气势。）

②活动：带领学生一起感受二声部轮唱、三声部轮唱，教学生如何把握轮唱中的卡农节奏。

设计意图： 通过大家愉快的合作，学生体会到不同演唱形式带来的不同音乐感受，也培养了学生的定性总结能力。

（3）完整赏析作品

①《保卫黄河》刻画了怎样的形象？

（中国人民奋起斗争的英雄形象。）

②歌词共反复了四遍，每一遍在演唱形式上有怎样的区别？

聆听全曲，得出结论：齐唱—二声部轮唱—三声部轮唱—齐唱。

③从二声部轮唱到三声部轮唱，力度从弱到强意味着什么？

（投入革命的人越来越多。）

④歌曲最后又回到齐唱方式象征着什么？

（表现全国人民万众一心，最终汇聚成了一股强大、不可战胜的革命力量，也表明了必胜的决心。）

设计意图：发挥学生想象，将音乐表现形式与内容相结合分析作品。

6.《黄河大合唱》第八乐章《怒吼吧，黄河》（混声合唱）

歌曲最后以号角性、战斗性的音调，象征东方巨人为最后胜利发出呐喊，具有强烈的感人力量。给《黄河大合唱》画上了完满的句号。

（三）知识拓展

1. 欣赏钢琴曲《黄河协奏曲》

观看《黄河协奏曲》第一乐章片段，体验钢琴是如何表现黄河气势的。

小结：用坚定有力的和弦表示船夫们的呐喊，用连续上行和下行的半音阶来形容奔腾的黄河水，用大量的琶音来描绘怒涛拍岸的宏伟场面。

设计意图：让学生感受声乐和钢琴表现上的不同。

2. 布置作业

这节课我们重点欣赏了第一、五、六、七乐章，领略了齐唱、独唱、对唱、轮唱等多种演唱方式，布置两个课后作业：

①欣赏全曲，特别是课堂上没有欣赏到的乐章。

②《黄河大合唱》中的"大合唱"与"合唱"概念的区别。

设计意图：通过设疑，调动学生学习的积极性，培养他们自主研究的探索精神。

（四）课堂小结

思考：是什么力量使《黄河大合唱》如此震撼人心，70年经久不衰?

小结：作品中展现的万众一心的团结精神正是黄河的生命所在，每一个中国人永不放弃、勇于斗争的爱国精神得到了继承和升华，"黄河精神"在世世代代中国人的心中获得了不朽的永恒。民族音乐展示着民族精神，是一个国家的文化代表，我们应带着这股精神去努力学习、不断进取!

设计意图：再次上升到理性思维和精神升华之上，深化学习本课的目的。

【教学后记】

冼星海创作的《黄河大合唱》气势磅礴，带有强烈的感召力，我觉得调动学生情感与音乐产生共鸣是上好此课的首要条件。高中生有一定的理性思维能力和审美能力，所以在引导赏析的过程中，我通过回顾历史事件和体会文字等方式唤起他们澎湃激昂的民族情感，我们一起屏住呼吸凝听女声独唱《黄河怨》，哀婉凄凉的歌声打动了每个人的心。

为了不断调动学生主动探究音乐的热情，我在各个环节上实行互动。例如欣赏完第四乐章后，为它选一个标题，使学生都积极投入思考。在欣赏《河边对口曲》时，通过全班学唱，大家熟悉了旋律，再请两位男同学带动作地表演唱，全班同学一起唱过门，不仅加深了对主题旋律的印象，而且活跃了课堂气氛，也给有表现欲的同学一次展示机会。而《保卫黄河》中合唱的尝试，使全班同学都参与其中，轮唱的学习使同学们懂得了合作在音乐实践中的重要性，也体验到了情感在不同演唱形式中的表达。

由于互动环节较多，对时间的把握度和课堂控场能力还需要在课堂实践中不断磨炼。

【课例点评】

这节课的知识量较大，有一定深度，教学理念较为突出。教学中遵循了音乐教育"听觉艺术特征与参与式活动特征"的规律，在音乐情感体验中，运用各种手段引导学生把握音乐的表现形式与情感内涵，在欣赏过程中，运用了"体验、比较、探究、合作"等教学形式，潜移默化地培养了学生良好的情操和健全的人格。内容的详略还可进一步调整，使重点更突出，音乐要素的表现作用还可挖掘得更深入。

（本教案曾获深圳市中小学音乐现场课、论文、案例评选一等奖）